20 世纪中国图书馆学文库·44

农村图书室工作

卢子博　吴正芳　编著

圙　国家圖書館出版社

本书据书目文献出版社 1986 年 2 月第 1 版排印

目　次

前言 ……………………………………………………………………（1）

第一章　农村图书室的重要作用 ……………………………………（1）

　　一、宣传党的路线、方针、政策，提高广大农民的思想觉悟 ……（1）

　　二、促进农村社会主义精神文明建设 ………………………………（2）

　　三、普及农科知识　哺育农技人才 …………………………………（3）

　　四、丰富农民文化生活　陶冶人们精神情操 ………………………（5）

第二章　农村图书室的发展规律 ……………………………………（7）

　　一、适应经济发展　立足读者需要 …………………………………（7）

　　二、依靠领导　依靠群众 ……………………………………………（9）

　　三、因地制宜　讲求实效 …………………………………………（11）

　　四、坚持自愿　小型多样 …………………………………………（12）

　　五、艰苦奋斗　勤俭办室 …………………………………………（12）

　　六、简易工作　方便读者 …………………………………………（13）

第三章　农村办图书室的形式 ……………………………………（14）

　　一、民办公助 ………………………………………………………（14）

　　二、集体自办 ………………………………………………………（15）

　　三、乡、村合办 ……………………………………………………（15）

　　四、厂乡联办 ………………………………………………………（16）

　　五、农民读书协会 …………………………………………………（16）

　　六、村和代销店合办 ………………………………………………（17）

　　七、售书和办室相结合 ……………………………………………（18）

八、图书流通户 ……………………………… （18）

九、文化站和农科站合办 ………………… （18）

十、农民自办家庭图书室 ………………… （19）

第四章 农村建设图书室的重点 …………… （22）

一、明确乡图书室是农村建设图书室的重点 …… （22）

二、建立乡农村图书室的意义和条件 …… （25）

三、把建设好文化中心图书室作为乡图书室建设的重要一环 … （27）

第五章 农村图书室的经费来源 …………… （29）

一、提取适量公积金、公益金 ……………… （29）

二、从社办企业盈利中调拨 ……………… （30）

三、列入乡政府财政预算 ………………… （30）

四、种青年文化田 ………………………… （31）

五、专业承包 ……………………………… （32）

六、群众献书献款 ………………………… （32）

七、代售书刊 ……………………………… （33）

八、各种罚金 ……………………………… （33）

九、废书刊处理费 ………………………… （33）

十、以文养文 以书养书 ………………… （33）

第六章 农村图书室图书管理员问题 ……… （35）

一、图书管理员应具备的条件 …………… （35）

二、管理员的人选和配备 ………………… （37）

三、管理员的报酬 ………………………… （39）

第七章 农村图书室的组织领导与管理制度 … （41）

一、明确和健全组织领导 ………………… （41）

二、建立岗位责任制 ……………………… （43）

三、加强对人、财、物和业务的管理 ……… （45）

四、检查评比 ……………………………… （47）

第八章 农村图书室的设施、设备及用品 …… （49）

一、设施 …………………………………… （49）

二、设备 …………………………………… （54）

三、用品 …………………………………………………………（57）

第九章　图书管理的业务知识 ……………………………（60）
　一、图书采集和登记 ……………………………………（60）
　二、图书分类 ……………………………………………（67）
　三、图书编目 ……………………………………………（81）
　四、图书排架和保管 ……………………………………（88）

第十章　读者工作 …………………………………………（90）
　一、农村图书室读者工作的特点 ………………………（90）
　二、农村读者阅读倾向的分析 …………………………（91）
　三、图书流通工作 ………………………………………（93）
　四、阅读辅导和图书宣传 ………………………………（100）
　五、常用工具书的使用 …………………………………（105）
　六、读者工作中必须注意的几个问题 …………………（108）

第十一章　农村图书室协作网 ……………………………（112）
　一、协作网的作用 ………………………………………（113）
　二、协作网的活动内容 …………………………………（116）
　三、建立协作网的步骤 …………………………………（117）
　四、建立协作网要注意的几个问题 ……………………（119）

第十二章　县图书馆对农村图书室的辅导 ………………（121）
　一、县馆如何做好辅导工作 ……………………………（121）
　二、县馆辅导的原则 ……………………………………（122）
　三、县馆业务辅导的内容 ………………………………（123）
　四、县馆辅导的主要方法 ………………………………（127）
　五、县馆辅导人员的素养 ………………………………（129）

前　　言

　　农村图书室,是在国家指导下,由群众集体举办(包括群众家庭自办)的文化设施。它是我国图书馆事业的一个重要组成部分;是我国八亿农民学政治、学科学、学文化的重要场所。

　　建国以来,我国农村图书室从无到有,从少到多,已有较大发展,在农村社会主义革命和社会主义建设中,发挥了不可忽视的作用。但是,由于左倾路线的影响,我国农村图书室事业建设几度出现大起大落,未能取得应有的成就,与当前农村的两个文明建设和农民对图书资料的需要不相适应。多年的实践证明,办好农村图书室,没有积极的态度不行,但超越经济水平、包办代替也不行,必须立足于壮大集体经济和农民自愿的基础上才能办好。否则,将事倍功半。

　　党的十一届三中全会后,我国农村普遍实行了各种形式的生产责任制,促进了农业生产的发展。随着生产的发展,我国农村图书室事业的建设也出现了高潮,除了文化中心图书室,乡、村、组集体举办的各种形式的图书室外,还涌现了不少农民自办的家庭个体图书室。当然,农村图书室事业建设高潮的出现不是偶然的:一是党和政府的重视;二是生产的发展,使农村图书室事业的发展有了物质基础;三是农民越来越需要文化,需要科学,需要技术。对此,我们必须有足够的认识。

　　赵紫阳总理在《关于第六个五年计划的报告》中说,第六个五年计划期间，将基本做到"县县有图书馆和文化馆，乡乡有文化站"。一九八二年十二月四日中华人民共和国第五届全国人民代表大会第五次会议通过的《中华人民共和国宪法》规定："乡、镇是农村基层政权机构；人民公社是集体经济组织"。文化站将作为乡一级的文化设施，实现乡乡有文化站。这就明确告诉我们，"六五"期间，至多在"七五"期间，我们应当把目标放在"乡乡有图书室"这一点上。为了实现这一目标，除了及早研究并妥善解决好图书室的经费、人员、房舍、设备等具体问题外，很重要的一个问题是要进一步加强对图书室工作的领导，使农村图书室事业的建设能适应形势的发展，更好地为农村文明建设服务。为此，我们编写了这本书，旨在向农村广大图书室工作者普及有关图书室工作的业务知识，以促进农村图书室事业的更大发展。

本书共分十二章，内容大致为三个方面：第一方面，着重探讨农村图书室事业的建设与发展；第二方面，着重介绍有关办好农村图书室所需要的业务知识；第三方面，着重谈谈县、区图书馆如何对农村图书室辅导的问题。

这儿需要说明的一点是：全国农村社改乡、大队改村的体改工作大致已在 1984 年底结束，故在本书中凡遇"乡（公社）、村（大队）、组（生产小队）"称谓时，一概用新称，以求统一。

本书编写力求从农村实际出发，做到理论联系实际，以求对农村图书室工作者有所裨益，但因我们水平所限，问题和缺点仍在所难免，敬请同行们批评指正。

编者
1985 年 1 月于南京

第一章　农村图书室的重要作用

图书是人类知识的记载,是广大农民科学种田、工作、学习和生活中的良师益友。阅读图书,从图书中吸取知识,增长才干,已经成为新时期广大农民的一种迫切要求。

农村图书室是以收藏、流通图书为目的的文化设施,它以图书(包括报刊、杂志)为手段,向广大农民传播文化和科学知识。

农村图书室的服务面广,无论男女老少,只要有一定的阅读能力,都可以成为图书室的服务对象。农村图书室的服务时间也长,农民赶集、上店、起早贪黑也能到图书室光顾,或借书,或阅览,非常方便。而且,一种图书资料可以反复利用,对文化程度低、接受能力差的读者尤其适合。由于农村图书室具有上述特点,它在宣传党的路线、方针、政策,建设农村社会主义精神文明,普及农业科学技术知识,哺育农技人才,丰富农民文化生活等方面都发挥着重要作用。

一、宣传党的路线、方针、政策,提高广大农民的思想觉悟

列宁说:"图书馆和农村图书室,在长时期里将是对群众进行政治教育的主要场所和几乎是唯一的机关。"[①]可见,农村图书室是党对农民进行教育的一个重要场所。

党对农民进行教育的内容是多方面的。在当前,向广大农民进行党的路线、方针、政策的教育是一个重要方面。通过教育,使

1

广大农民自觉维护和执行党的路线、方针、政策,与党同心同德,为建设社会主义新农村而努力奋斗。

在对农民进行教育的方式上,除了广播、电视宣传以及各级党组织进行传达外,利用图书报刊传播是一个重要途径,就农村的实际情况而言,利用图书报刊传播党的路线、方针、政策比广播、电视更具有因时因地制宜的特点。而且,由于农民文化程度不高,接受能力受限制等原因,更有必要运用书刊的力量向广大农民及时地、反复地宣传党和政府的路线、方针、政策及各项法令。

党的路线、方针、政策一旦被广大农民所掌握,就会变成其自觉的行动。如湖南省新田县城东乡木山塘村农民读了《半月谈》、《瞭望》等杂志有关文章后,提高了思想觉悟,加深了对党的政策的理解。1981 年春,那里的农民要求搞包产到户的生产责任制,有的干部拿不准,他们就用《半月谈》中的有关内容向干部宣传,说明各种形式的生产责任制,都是农民由穷变富的好办法。接着他们带头在村里搞起了包产到户的生产责任制。

二、促进农村社会主义精神文明建设

邓小平同志指出:"我们要建设的社会主义国家,不但要有高度的物质文明,而且要有高度的精神文明。"[②]物质文明,是指物质财富,我国人民的物质生活。"所谓精神文明,不但是指教育、科学、文化生活(这是完全必要的),而且是指共产主义的思想、理想、信念、道德、纪律、革命的立场和原则,人与人的同志式关系,等等"[③]。概括地说,精神文明包括文化知识和思想觉悟两个方面,精神文明建设也相应包括文化建设和思想建设两个方面。建设和发展农村图书室,既是农村文化建设的一个重要方面,也是促进农民文化思想建设的有效途径。广大农民,特别是青少年,通过看书学习能够逐步增强精神文明素养,培养他们热爱祖国、热爱人民、热爱社会主义,自觉坚持四项基本原则。

必须看到,在农村,一些未改造好的巫婆、神汉及坏分子还在进行各种愚弄人民的犯罪活动。有的自称"皇帝",有的谎称"玉帝下凡",有的则用什么"仙水"、"仙术"驱病赶鬼。这些不法分子欺负妇女、骗取钱财、甚至害死人命。有的还搞扶乩卜卦、相面揣骨、测字算命、风水阴阳等等反科学的荒诞活动。另外一些不法分子还利用各种非法手段输入各种内容污秽的图书、报刊、画片、音乐带等,使一些人受害中毒。面对这些情况,农村图书室必须以图书资料为武器,用社会主义的、有营养价值的精神食粮去抵制那些有毒的东西,以提高广大农民的思想觉悟和辨别是非的能力,不上当,不受骗,自觉与非法活动作斗争。

三、普及农科知识　哺育农技人才

当前,在广大农民中普及农业科学技术,提高农民的科学、文化水平,是我党农村工作的主要任务之一。据统计,我国十二岁以上的文盲有二、三亿之多,占人口的四分之一[④]。实际上,其中的绝大多数都分布在农村,这的确是值得注意的一个严重问题。这个问题如不妥善解决,势必会影响农业现代化的进程。

由于吃了二十多年的大锅饭,有部分人虽然生在农村,长在农村,却对农业生产技术茫然无知。据一些地方的调查,农村约有30%的农民不懂如何种庄稼,约有30%的农民似懂非懂,只有40%左右的农民基本上掌握了农业生产技术,但有些技术急待更新。

由于农民的文化水平比较低,又缺乏农业科技知识,给农业生产带来严重损失的例子是很多的。例如,有的地方把920激素当作早稻育苗的肥料,"拔苗助长",结果秧苗受到了损害;有的用沸水代替六、七十度的温汤浸棉种,结果棉种全被烫死了;有的把带微酸的碳铵和碱性的草木灰相拌,降低了肥效。1981年湖北汉川县死猪二万四千七百多头,死亡率高达9%;3,455亩果园,有一千三百多亩基本无收，其中五百亩柑桔，由于没有掌握好环剥技术，只开花，不结果；全县有养鱼水面十万亩，但总产只有五百多万斤，单产仅五十多斤。近两年来，全县因打农药中毒的达二千七百多人，其中死亡七十六人⑤。

尤其需要注意的是，农村社队工业有了相当规模，做工农民占有相当比例，特别是农业生产责任制落实后，农业劳动率有了很大提高，农村的多余劳动力向工副业方向发展，农村劳动力的专业结构正在起变化。有的社队从事工业的劳动力达50%，有的甚至达70%。社队工业的发展和各种副业生产的兴起，对科技等书籍的要求十分迫切。正如有的农民说："过去我们关心的是早稻晚稻，草籽肥料，现在我们还要关心机器原料，产品供销。"

面对日益发展的形势，仅在农村发展各级各类学校，及小学、中学教育是不够的，因为从课堂教育中所学到的基础知识，随着时间的推移，也会逐渐遗忘和老化。人们只有不断学习，不断接受新事物、新知识，才能适应形势的发展。图书室则是学校教育的继续，知识竞赛中的"加油站"，终身教育的基地；是取之不尽，用之不竭的知识宝藏。因而，图书室已成为一切渴望获得知识的人的良师益友，普及推广农业科学技术的永久性设施。

目前，我国实际从事农业科技、教育的大中专毕业生只有二十五万人，其中在农业技术推广系统工作的只有六万余人，至于分布在乡农技推广站的不到三万人，全国每个乡只有半个农技人员。汉川县有一百零四万亩耕地，八十万农村人员，在农业局系统工作的科技人员只有九十一人，平均每万名农业人员中只有一点一人，每万亩耕地不足一人⑥。可见，农村迫切需要农业技术人员。但是，农村技术人员如果完全依靠国家的培养，则是远水难解近渴的。只有充分挖掘农民中的人才，并鼓励人们自学成才，才能从根本上解决问题。据有人统计，近年来散见在各报刊上的一百名农民人才中，有90%以上是走自学成才的道路，他们在成才之前，并没有受过什么专门教育。这一百名农民人才中,中青年成才的占89%,其中青年农民成才的约占50%,回乡中学生成才的达56%[⑦]。可见,中青年农民和回乡知识青年,他们只要经过知识哺育,即会成为大有作为的人才,而图书室则是自学成才的场所。

发展农业生产,不仅需要农业技术人员,而且更需要广大农民科学文化水平的提高,需要对八亿农民进行智力投资。兴办图书室就是对农民进行智力投资的有效项目之一。

有的同志认为,办图书室是花钱的事情,实际上,这是目光短浅。山东省推广"鲁棉一号",1980年全省就增加收入三亿二千万元,而国家对棉花研究所二十二年总投资仅三百六十多万元,不到一年收入的八十分之一。办图书室尽管每年要花上几百元甚至上千元钱,但人们看书后能学到知识,学到技术;知识和技术运用于生产,促使生产发展,收入增加。因此,图书室通过图书传播知识,传播科学种田的新技术、新经验、新措施,又不受时间、空间的限制,是一个花钱不多,投资有限,而又能受到多功能教育的一种智力开发。

四、丰富农民文化生活　陶冶人们精神情操

长期来,我国农村文化落后,广大农民的文化生活贫乏,大部分地区的农民看书学习条件很差,在深山僻壤,有些农民甚至长年看不上书。不少农民是上工扛锄头,下工摸灶头,天不黑就上炕头。"文革"十年浩劫,加剧了农民文化生活的贫困状况,特别是缺乏社会生活经验的青少年,由于缺乏正当的学习和文化生活,致使精神空虚,搞赌博、打群架、偷鸡摸狗的违法活动屡有发生,直接影响了社会秩序和农业生产。党的十一届三中全会后,党在抓物质文明建设的同时,注意抓精神文明建设,在广大农民物质生活水平提高的基础上,努力提高他们的文化生活水平,使广大农民看书等文化生活有了很大改善。农民在工余农闲,特别是下雨下雪天,

不能下地干活，出外做事，他们聊天打扑克少了，可以到图书室去看书、看报。这样，不仅丰富了农民的文化生活，而且，对陶冶广大农民的情操也有着巨大的作用。

这里，尤其不能低估文艺书刊的作用。优秀的文学作品对于传播马列主义、毛泽东思想，帮助人们树立革命的理想、信念和道德，特别是对青少年世界观的形成，都有着巨大的影响。

有些文艺书籍中的人物形象，鲜明生动，感染力强，是建设社会主义精神文明的有力工具。它对于培养社会主义一代新人，鼓励人们勤奋向上，献身四化，有着巨大的推动力。

①克鲁普斯卡娅：《列宁论图书馆工作》初版序言
②邓小平：《贯彻调整方针，保证安定团结》《邓小平文选》第 326 页
③邓小平：《贯彻调整方针，保证安定团结》《邓小平文选》第 326 页
④见《人民日报》1983 年 6 月 29 日
⑤见《农业现代化研究》1983 年第一期第 61 页
⑥见《农业现代化研究》1983 年第一期第 62 页
⑦见《光明日报》1982 年 4 月 27 日

第二章 农村图书室的发展规律

任何事物都有质的规定,其内容都有特定的矛盾运动。农村图书室,也有其不同于它事物的发展规律。

建国以来,我国农村图书室的建设出现过几次高潮,也取得了一定的成绩。但是,由于对农村图书室本身的特点研究不够,甚至用行政命令、主观臆想代替客观规律,因此,农村图书室事业的建设受到过较大的挫折。

现在,我国农村图书室的建设出现了从未有过的可喜现象,不仅乡、村集体办图书室,而且不少农民自费办起了家庭图书室。今后国家在可能的条件下还要逐步将乡图书室纳入到公共图书馆系统中来,使其成为全民的文化设施。为了把我国农村图书室建设持续地向前推进,我们有必要总结过去正反两方面的经验教训,研究其本身的发展规律,坚持正确的办室方针、原则,真正做到事半功倍。

一、适应经济发展 立足读者需要

农村图书室是社会一定阶段经济发展的产物。农村经济发展了,图书室就有了发展的基础;反之,图书室就难以建立,即使勉强办起来了,也难以巩固。只有在经济发展的基础上,集体经济力量才能壮大,农民的物质生活水平才能提高;农业生产中的传统的耕作方法、经营方式、管理方式也只有在经济力量的冲击下才能突破;图书资料作为科学技术的知识形态,将越来越引起广大农民的重视,生产过程中运用图书资料的程度将日益提高。

可见,经济的发展,一方面为发展图书室奠定了基础;一方面对发展图书室提出了相应的要求。随着经济的发展,我们必须因势利导,把各种类型的图书室办起来,巩固好。我们既要反对消极等待的态度,对成熟的条件不去积极利用,也要反对过分乐观,不顾客观经济条件,盲目发展图书室的数量、规模。

立足农民需要,其需要应该确确实实是农民的需要,而不是我们头脑中的需要。从总体上说,农民要学文化、学科学、学技术。总之,要看书学习,要图书资料。但是,农民对图书资料的需要程度如何?需要哪些图书?这就需要我们深入实际做调查研究,做到心中有数,而不是凭想当然办事。一般说,农民对图书资料的需要程度大,图书室的规模就应该大一些,数量应多一些;反之,则应小一些,少一些。但是,过去有些地方办图书室不从实际出发,好大喜功,片面追求办室规模、藏书数量,其结果往往劳民伤财。

我们知道,办图书室的目的,是为广大农民服务的,图书室收藏的图书资料是让广大农民利用的,如果人们对图书资料不需要,或需要程度不大,图书室即使办起来了也是没有生命力的。没有读者或读者很少的图书室,实际上没有它存在的必要,或存在的作用不大。即使存在,也是一种社会浪费,因为图书积压在那里不流通,实质上是一种资金积压,图书不断老化,陈旧报废,资金也就自行消耗,加重农民负担。图书室的生命力,是在接待广大的各种类型的读者中显示出来的。图书室的作用,正是通过大量的、各种类型的图书的流通来实现的。图书不流通,图书室的作用也就发挥不出来,集体对图书室的投资也就毫无效益。因此,在经济发展的基础上,一定还要研究、了解农民对图书资料的需要状况,只有在充分掌握各方面情况的基础上,办起来的图书室才能真正有生命力。充分发挥作用,投资就能取得较好的效益。当然,农民对图书资料的需要程度是经常变化的,我们要注意变化的动向,摸索规律,掌握主动权。

现在的问题是,农民的需要得不到满足,广大农民迫切需要看书学习,需要图书资料,农民自办家庭图书室的出现,就是现有集体办的图书室不能适应农民需要的一个体现。因此,发展农村图书室事业,在客观上已成为广大农民群众的一种必然要求。

二、依靠领导 依靠群众

当客观条件具备的时候,图书室能否建立起来? 已建立起来的图书室能否巩固、发展? 领导是个关键。我们都有这样的感觉,尽管办图书室的困难很多,但只要领导重视,事情就好办;反之,就比较麻烦。另外,农村图书室包括乡图书室在内,目前还是农村集体举办的一种文化设施,难以列入国家计划,国家不可能对乡乡、村村下达指令性任务,只能根据农村实际情况,提出一些指导性要求,办图书室过程中的一些具体困难,基本上是依靠农村集体的力量来解决。因此,各地在办图书室时首先必须取得领导的支持,紧紧依靠领导把图书室的房舍、设备、经费、人员等问题解决好,把图书管理、图书宣传、图书流通等工作开展好,把各项规章制度建立好。

农村图书室是农村中的公共性的文化设施。建立各种类型的图书室,广大农村干部是支持的。但是,也有少数领导对办图书室的意义认识不足,甚至把图书室工作看作可有可无,这就需要我们向领导反复宣传,最好抓住一个典型经验,到处宣传,讲作用,算细账,说明利害关系,使广大农村干部真正了解图书室的重要作用,提高他们对办图书室的重要性的认识。

要使领导重视图书室工作,图书室管理员应坚持不懈地努力,勤勤恳恳地工作,做出成绩,促使领导对发展图书室作出决策。管理员要经常向领导汇报工作,使领导了解情况,帮助图书室解决一些具体问题。有的地方图书室工作比较差,发展也不快,结果只埋怨领导不重视图书室工作是不妥的,绝大多数领导总是希望把各项工作都搞上去的,我们要多从主观上找原因,看到存在问题并注意改进。而且,埋怨也不是个办法,只有紧紧依靠领导,我们的事业才能发展,才能前进。

农村图书室工作又是一种群众性的工作,办图书室必须依靠群众的支持。广大农民群众从图书室中可以获得知识,获得技术,广大群众对办图书室是欢迎的、支持的。四川省雅安县下里乡老一组在建室时,缺少经费,青年们在领导的支持下准备用自己的双手搞增种,把增种的收入用来买书办室。这一主张得到了广大群众的拥护。开始搞增种时,出现了年逾六旬的老人,七、八岁的小孩,全组六十五人参加增种的动人场面。青年们高兴地说:"有大家的支持,我们建立图书室就更有信心了。"①这就说明,群众支持办图书室,农村图书室就能够得到发展。

但是,图书室在为农民群众服务方面也有局限性。例如,不认识字的农民就无法利用图书室的图书资料。这部分农民就有可能对办图书室不甚热心,甚至持反对态度。为了使大家都来关心和支持办图书室,就要反复做好宣传工作,让人们都知道办图书室的意义和目的,图书室的作用,图书室能向大家提供哪些服务项目,图书对于培养教育下一代的作用等等。使广大农民真正认识到办图书室是提高自己及其子女的文化水平和科学技术水平的重要途径,认识到图书室工作就是自己的工作。

在图书室的各项工作中,都要发动群众献计献策,集中群众的智慧,依靠群众的力量,把各项工作做得更好些。同时,要坚持勤俭办室,处处节约开支,尽量减轻农民负担,这些都是获得群众支持的必要措施。

三、因地制宜　讲求实效

办图书室,其形式、规模都要根据当时当地的实际情况来定,切忌行政命令。二、三十年的实际经验告诉我们,办图书室宜大则大,宜小则小,宜多则多,宜少则少。这样才能收到较好的效果。但过去有些地方办图书室不从实际出发,不量力而行,更不讲求实效,而是广泛发动,普遍号召,全面铺开,不管条件是否具备,先哄起来再说。有些地方要求社社建馆,队队(生产小队)办室,有的同志满足于轰轰烈烈的场面和热热闹闹的表面现象,陶醉于一些统计数字,使多数图书室不能持久地巩固,更谈不上发展,还要说:"成绩是主要的"。所有这些,都是与因地制宜、讲求实效的精神背道而驰的。这样办起来的图书室,其效果是微乎其微的。所以,我们不能脱离特定的地点、条件、时间发号施令,更不能为了应付上级检查,或迎合某些个人意志而搞"假、大、空"。农民是讲求实效的,图书室办起来后,要真正给农民带来"实惠",使农民看到办图书室的好处。

由于我国农村幅员辽阔,且发展不平衡,各地差异甚大。一些条件具备的地方,应积极把图书室办起来,巩固好;一些条件暂时不具备的地方,就暂时缓办,待条件有所转变时再办。根据现有条件和群众意愿,能办什么样的图书室就办什么样的图书室。乡办室、村办室或乡、村联办室,团支部办室,农民家庭自办室等等,都是农村办图书室的好形式。当然,这并不是要放弃对图书室工作的领导,但在开始时,对各类图书室的发展标准要低一点,最好少划框框,少下达抽象的发展指标。

在分析具体的客观条件时,不能与办室过程中可能出现的困难相混淆,不能把某些困难看成是办室条件不具备的标志。一般说,具体困难通过主观努力是可以克服的,客观条件则要由一定的时间才能形成或转变。

四、坚持自愿　小型多样

坚持自愿的原则,是办好农村图书室的基本原则之一。农村图书室是农村集体(包括农民个人)举办的文化设施,只有在群众自愿的基础上办起来,才能巩固发展。有时候,群众在客观上确实有了需要,但他们主观上还没有下决心去办,这时如不是由群众来下决心,而是由我们下决心办,结果是难以办好的。群众没有真正自愿,就是经过我们努力把图书室办起来了,也不会长久。但是,我们对"坚持农民自愿"这个问题过去从来没有下苦功去调查研究过、执行过。相反,我们在具体工作的指导方法上往往是违背这一原则的。例如,"大办图书室,消灭空白点","有条件要上,没有条件创造条件也要上",等等,这些提法本身就与自愿的原则相违背的。我们必须吸取这个教训,在兴办农村图书室工作中,坚持启发农民的觉悟,让农民自觉自愿地来办图书室。

由于农村各地的政治、经济、文化等客观条件的差异,这就决定了各地在办室形式上不能强求一律,必须从当地的实际情况出发,采用各种小型多样的方式。如果我们想当然地发号施令,简单地"一刀切",是不符合农村实际情况的,在实践中也是有害的。

五、艰苦奋斗　勤俭办室

几年来,农村经济尽管有了显著改变,但是,由于原来基础比较差,农村还不十分富裕,集体和个人能在文化事业包括图书室事业上的投资还不很多。因此,农村图书室"家小、业小",要艰苦奋斗,即使今后条件好了,也要勤俭办事业,切忌贪大求全。就目前而言,多数农村图书室的条件比较差,尤其经费比较紧。应当处处厉行节约,把每分钱都用在刀口上,不要有钱时大手大脚,无钱时一筹莫展,甚至怨天恨地。

在逐渐改变图书室条件的创业过程中,图书室除了依靠领导外,还可以依靠和发动读者的力量,利用有些读者的特长和积极性,共同来为改善图书室的条件而努力。例如,图书室内光线不佳,可请会瓦工的读者开个天窗;报夹子坏了或不够用了,可请会木工的读者修理一下或做上几副;破损图书来不及修补,可请青少年读者帮帮忙等等。有些工作图书管理员能自己动手的,尽量自己动手解决,例如,房屋的粉刷,桌椅的修理,环境的布置等等。正如有的图书管理员说:"虽然条件差但只要勤,虽然事业小但只要俭,虽然工作艰苦但只要乐于奋斗,就可以把图书室办得更好一些。"

六、简易工作　方便读者

简易工作,是指图书管理上简易方便。由于农村图书室人员少,人手紧,文化程度普遍比较低,图书管理的业务能力比较差,加上农村读者也存在文化程度低,利用图书室的能力比较差等原因,这就要求图书分类、编目、外借、阅览等工作程序要尽量简易一些,以适应农村图书室的特点。总之,要千方百计方便读者。有些地方要求并采用县图书馆的一套比较完整的管理方法来管理农村图书室,这就不尽妥当。例如,在图书采购比例上,参考县馆的采购比例;在图书分类上,使用《中图法》(简本)分到底;在图书借阅规则上,照搬县馆的"条文"等等。由于这些方法不适应农村图书室的特点,图书室新书买来后往往加工复杂,加上人力有限,迟迟不能上架与读者见面。而且借阅手续繁琐,读者有意见。因此,农村图书室应根据实际情况,摸索并制订一套适合农村特点的简单易行的工作方法和规章制度。

①见《四川图书馆》1982年第四期

第三章　农村办图书室的形式

农村办图书室,因地制宜,形式多样,各地已有不少经验。归纳起来,有以下十种。

一、民办公助

即集体主办,国家资助。这些形式在我国目前还没有或少数地方有过尝试。我们设想的"民办公助"的具体做法是:县、区图书馆选择条件好的乡、镇作为办室的点,然后县馆拨出一部分图书,作为该乡办室的家底,图书所有权仍归县馆,使用权移交乡。乡负责房舍,选派人员,人员工资和图书室所需设备的费用由乡支出,房舍、设备的所有权和人员的调动权归乡。县馆每年给乡图书室调拨一定数量的图书,比如五百册,图书所有权仍归县馆。乡图书室除接受县馆的图书外,还应该利用集体资金逐步购买图书,图书所有权归乡。乡图书室还可定期或不定期到县馆借阅、调换图书,使图书常换常新,在数量上不断增加。采取这种形式,在县馆方面,它会把乡图书室视为自己的分馆,在办室过程中尽力而为。在乡方面,也会把办室当作自己的事业而不遗余力。这样,乡图书室就能稳步发展。此外,这种形式使县馆的图书更接近农民,把县馆为农民服务这一任务真正落到实处。但是,由于人员、房舍、设备和图书的支配权分离,特别是图书的一部分归县馆所有,一部分归乡所有,不便于统一管理,容易出现混乱。而县馆的经费一般都比较紧张,要用这种形式把全县所有乡的图书室都开办起来,或充实起来,是有相当大的困难的。在目前条件下,是不易办到的。

二、集体自办

集体依靠自己的力量,把规模不等的图书室建立起来,这是目前我国农村图书室最基本的形式。有的乡、村经济条件比较好,领导也比较重视,这些地方的图书室发展就比较快。有的乡、村采取办室与租书结合,即管理员工资由社办企业支付,房舍设备由乡政府拨款或从乡办企业中筹款,购书经费则由图书室租金解决。有的乡、镇建立了文化中心,图书室的经费由文化中心自办企业的盈利或其它文化活动(如影剧、书场)的收入来补偿。这些形式都属集体自办。

三、乡、村合办

就是乡拿出一部分资金,再从各村抽调一部分资金,联合在乡集镇上办个图书室,村就不必再办图书室,所需图书资料,可由专人定期或不定期到乡图书室办理集体借阅。乡图书室也可设图书流动箱,负责解决各村的看书问题。浙江省绍兴市夏历乡办图书室时,乡与各村充分协商,每年从各村公益金中提取适量资金作为乡图书室的经费,由乡图书室统一购书,统一管理,各村向乡图书室集体借书。至于乡从各村抽调资金的数量,可按各村人口的多少分派,也可按名村领取借书证的数量或借阅图书的数量来确定。

乡、村合办的形式,其实质与"集体自办"并无多大区别,但这种形式有它的显著特点,就是通过协商,能做到统筹兼顾,合理使用经费,提高图书利用率,并突出重点,使乡图书室经费多、书源足、服务面广。这种形式,在人口稠密和比较稠密的地区比较适宜。从目前看,这种形式并不普遍,而且实行起来也有一定困难。但是,通过努力,是可以做到的。

四、厂乡联办

就是乡文化站和各社办厂联合办一个图书室。凡是自愿参加联办的单位,视职工人数的多少或领取借书证的数量,全年向乡图书室交款若干元,这些单位的职工就可以来图书室办理领证手续,免费借阅图书。这种形式比起"乡、村合办"来,比较容易实施,因为社办厂一般比较集中,紧靠乡集镇,工厂也欢迎,一年拿出几十元或几百元钱,就不必再自办图书室,不必再安排房舍和图书管理员。江苏省太仓县浮桥乡有二十八个社办厂,全部参加了"厂乡联办",图书室每年筹集资金一千七百多元。这样做,图书室经费有了保证,而且读者人数、人次多,图书流通面广,图书利用率高。

在推行"厂乡联办"的过程中,一定要坚持自愿的原则,一些不愿参加的单位不能勉强,一些有人力、财力、物力的规模较大的单位,则可鼓励他们自办图书室,并在业务上给予帮助和支持。对于边远单位,为解决他们阅读困难,可采用流动图书箱,把书送到那里,委托专人管理,定期交换,满足他们的看书要求。

"厂乡联办"与"乡村联办"属同一形式,但"厂乡联办"在实施过程中困难较少,而且发展前途较大,目前已有不少地方在试行,而且取得了较好的效果。在社办企业较少,发展速度比较缓慢的乡,也可把"厂乡联办"和"乡村联办"两者合一,把乡图书室办起来,并切实办好。

五、农民读书协会

就是农民为了满足自己学文化、学科学的需要,本着自己拿钱、自己买书、自己管理的原则,自发成立读书会,开展读书活动。参加读书会的会员必须交纳会费,比如一元,即可免费借阅图书。一句话,凡是凑钱或献书的农民均可成为读书会的会员,并有免费借阅书刊的权利。河南省邓县十林乡农民读书协会仅建立三个月，就有近百名读者加入了读书协会，筹集图书一千多册，读者达二千七百多人次。安徽省五河县安子口乡的读书会还民主选举了会长、副会长，订立了《会员章程》、《借阅须知》、《会员守则》。五河县委及时总结和推广了他们的经验，一年多全县就建起了四十七个农民读书会，发展会员一万零八百一十人，拥有各类图书二万五千三百多册。为了把读书活动引向深入，五河县委又提出四项巩固和发展农民读书会的措施：一是坚持农民自己出钱、自己买书、自己管理的原则，反对两眼向上，依靠国家投资的思想；二是不设专职管理员，不加重农民负担；三是因地制宜，不搞一刀切，不搞形式主义；四是紧密联系农村实际，开展读书用书竞赛活动。同时，县委还决定年底召开农民读书会先进集体和先进个人表彰大会，在会员中树立一批学以致用的好典型。

农民读书协会，实际上就是图书室，会员也就是读者。这种协会的特点是建立在农民自愿、互利的基础上，能够得到农民充分的信赖和支持，协会和会员之间的关系也比一般图书室与读者之间的关系更为密切，这样更有利于协会（图书室）各项工作的开展。但是，协会会员（读者）不可能无限制增加，协会的资金和书源受到一定的限制，尤其是馆舍修缮和设备添置，缺乏必要的资金。要使协会巩固和发展，除了会员每年必须交纳会费外，还必须采取其它有效措施，如乡政府拨款、社办企业资助等。随着协会藏书的增加，也可考虑设专职图书管理员。

六、村和代销店合办

现在，我国农村基本上每个村都有乡供销社下属的商品代销代购店。代销店不但营业时间长，而且一般设在人口聚居的地方。在代销店中设置一个图书室，由代销店的营业员兼图书管理员，这样既方便群众，又节省了人力，而且能持久地、经常地开展工作。但是，这种图书室一般不宜太大，不然营业员对图书室业务工作难以顾及。

村和代销店合办图书室,村必须和乡供销社多协商,取得他们的支持和协助。

七、售书和办室相结合

就是乡或村在办图书室的同时进行售书营业,把图书室兼作新华书店(包括邮局)的售书点。图书室一方面接纳顾客,一方面接待读者,这样既可以吸引读者,又可把售书所得的手续费作为图书室的经费。河南省巩县回郭乡文化中心图书室半年售书营业额达二万六千六百九十三元,手续费按百分之十计算,可得二千六百九十九元。因此,售书和办室结合,可以减轻集体负担,并充分挖掘图书管理员的劳动潜力。

八、图书流通户

在农户具有一定的藏书,并向群众借阅的基础上,县图书馆定期或不定期向这些农户提供、借阅图书,业务上予以辅导,使这些农户在图书流通中发挥作用。对图书保管、借阅作出成绩的农户,县馆给予一定的奖励,如赠送若干册图书,这样的图书流通户,湖南省沅江县已发展到四十多个[①]。

图书流通户不但藏书,而且用书,为周围农户起到了示范作用。

图书流通户虽然规模很小,藏书不多,但起到了图书室的作用。它的显著特点是经费、人员、房舍等问题不用发愁,大大减轻了甚至完全不要集体负担。

九、文化站和农科站合办

乡文化站和乡农科站(农科队)合办图书室,设在乡农科站内,所藏图书资料对全乡干群开放。这种图书室的特点是:

18

1.图书管理员由一名热爱图书工作的农技人员担任,他们既懂业务,又有一定的理论知识,有利于科技图书的采编、收藏和流通。

2.图书来源比较广泛,除了正常的购买等途径外,还可以集中县农科所、农技站、种子站、植保站、土肥站等部门下发的图书资料,向县、地(市)科委征集,等等。

3.科技图书比重比较大。据湖北省宜都县古老背乡、应城县红旗乡、孝感县卧龙乡光明村的图书室统计,科技图书占总藏书的90%[②]。

4.把图书工作与农科站工作紧密结合起来,如宜都县古老背乡农科站,三年来为农民办了二十九期技术培训班,因乡图书室就建在农科站,他们为参加培训班的三千四百三十八人次提供了大量的科技资料。他们还印发了自己编写的科技资料七千五百零八份,并开展把技术送到人、送到户的活动,深受广大农民欢迎。

5.在为农民借书的同时还为农民作技术示范,把理论与实践操作结合起来,使农民看得见、摸得着,一学就会。

十、农民自办家庭图书室

农民自办的家庭个体图书室,基本上是农业生产责任制以后出现的新形式。农民家庭自办图书室,是我国群众办馆方针的一个重要体现。

农民家庭图书室的产生和发展,是由多种因素构成的。一是由于党调整了农村的各项政策,广大农民建设社会主义新农村的积极性空前高涨,他们放开手脚大搞生产,尝到了生产体制改革的甜头,深切体会到生产上搞专业户的好处,启发他们在文化事业上试着进行改革,搞文化专业户,创办了家庭个体图书室的形式。二是由于广大农民懂得了农业生产的发展,一要靠政策,二要靠科学的道理。他们迫切要求学习党的各项方针政策,掌握科学文化知识,就自己买书籍、订报刊,除了自己学习外还供近亲、邻居学习。三是由于农民的收入增加,生活得到了进一步改善,进而就想改善文化生活,因此出现了自筹资金办图书室。四是由于农业生产劳动率的提高,过去两个人、三个人干的农活,现在一个人就干完了,使农民有时间、有精力进行看书学习。五是由于农村日益增多的回乡知识青年、复员军人、退休教师(干部、工人等),他们具有较高的思想觉悟和文化水平,以帮助乡亲学文化、学科学为己任,用复员费、退休金和平时节省的钱购买书籍,订阅报刊,办起了图书室。六是集体办的图书室规模小、数量小、图书缺,满足不了广大农民看书学习的需要,家庭图书室就应运而生。

家庭图书室藏书虽然比较少,但一般都对外开放,小而灵活,农民自己有权支配,借阅时间、借阅对象、借阅方式等,较之集体办的图书室更能做到因时、因人、因地制宜。家庭图书室的活动范围一般只在本组、本村,农民既可上门阅览,也可借书回家,左邻右舍有时端着饭碗也来串门看书,不像公办图书室要受到借阅时间的限制,农民只要有空,随时可来看书。同时,大家聚集在一起,又看书,又评书,不拘形式地交流心得体会。因此,家庭图书室在丰富群众文化生活、陶冶情操,宣传推广农科知识、指导科学种田等方面都发挥着不可忽视的作用。

家庭图书室的图书出借有的收租金,有的免费,无论采取哪种形式,只要符合群众利益,有关方面就应给予支持。

1983年中共中央公布的《当前农村经济政策的若干问题》中明确指出:"要加强农村各种文化、卫生设施的建设。这些文化卫生设施国家办、集体办,更要鼓励和扶持农民自己办。"因此,各级党委和政府要加强对家庭个体图书室的领导,把农民自办的个体图书室当作整个社会主义图书馆事业的一部分,关心它、支持它、扶植它,帮助他们解决筹办过程中的具体问题,如房子、设备、资金、书源等方面的困难。对办室有贡献的人员,要给予表扬和鼓励。对于已建立的图书室要从政治思想上引导他们树立为人民服务、为社会主义服务的思想。要防止那种完全以赚钱为目的,甚至暗地里流传坏书的情况出现。由于家庭图书室的建立一般都是自发的,缺乏必要的知识和经验,县图书馆要加强对他们的业务辅导。如及时总结、交流工作经验;组织学习,提高政治、业务水平;帮助制订切合实际、简单易行的规章制度;关心图书采购工作,使采购的书刊内容健康,有地区特色,有一定的思想性、科学性、知识性;帮助开展阅读辅导、图书宣传工作,把家庭个体图书室的工作纳入以县图书馆为中心的农村图书馆、室网的组织中,更好地为广大农民服务。

①见《湘图通讯》1982 年第三期第 44 页
②见《农业现代化研究》1983 年第一期第 62 页

第四章　农村建设图书室的重点

我们办任何事业,做任何工作,都必须有个先后,有个主次,要有个重点。建设农村图书室也是同样道理。

我国农村这么广阔,各地情况差异又大,如何办图书室? 有的要这样办,有的要那样办,意见很不一致。但是,有一点是一致的,就是在目前条件下,农村图书室的建设切不可全面铺开,必须抓住重点,然后以点带面。即使今后农村各方面的条件都好了,我们在发展农村乡、村、组图书室上也不能齐头并进。因此,建设农村图书室应确定并抓住重点,首先把一部分图书室建设好,使之成为农村图书室的中坚。

一、明确乡图书室是农村建设图书室的重点

有重点地建设农村图书室,是使农村图书室巩固和发展的重要步骤。但是,"重点"在哪里? 如何确定? 各地有着不同的看法和做法,也有着不同的经历。

有的地方认为,每个组都要办图书室。例如,吉林省通化县兴华乡五十五个组,就都办起了图书室,县里多次推广他们的经验,全县九百一十四个组,有五百五十三个办了图书室,占组总数的60.7%[①]。这事出现在 1975 年前后,当时在全国范围内提出所谓"学习小靳庄,队队办起图书室"是农村图书战线上最时髦的口号。但是,这种政治"高压"下的产物,只是昙花一现而已。因为

把错误的主观愿望强加于客观总是要碰壁的。除了政治因素外，有的地方由于幅员宽阔等原因，也提出每个组都办图书室，这样的设想在局部地区也许是可行的，但在全国范围内缺乏实际指导意义。因为就一个组而言，无论是农民对图书资料需要的程度，还是人力、物力、财力等方面的客观条件，都不足以产生一个图书室。

有的地方提出以办村图书室为其重点，再在组设流通点。这种设想和做法，较之每个组都办图书室进了一步。一般说，村办图书室的客观条件较之组具备得多。但是，就目前而言，村办图书室在多数地方也难以巩固。其原因：第一资金少，维护图书室正常活动和日常购书经费得不到保证，致使许多甚至绝大多数村图书室停停办办，办办停停。第二图书流通范围小，村室的图书只在本村范围内流通，尽管流通范围较之组要大得多，但其局限性是显而易见的。第三读者少，流通范围小。集体花钱办起来的图书室只让少数人利用，就有可能遭到多数人的反对。尽管多数人的看法有一定的局限性，但左右局势的往往是多数人的意见。因此，有些领导和群众往往把图书室工作看作可有可无。第四藏书少、资金少，图书的数量、品种也就少。尽管流通范围小，读者少，但也难以满足读者的要求，其结果是事倍功半。第五条件差，藏书少，图书室不可能配备专职管理员，一般是业余或兼职，而且经常易人，缺乏业余训练，加上房舍、书架等基本物质条件不易解决，因而不少村图书室没有稳定的阵地和严格的管理制度，这就造成图书散失、破损严重，有的图书室名义上有几百册图书，但能找齐几十册就不错了。

在边疆和偏远山区，村建立图书室也不甚妥当，尽管这些地方文化比较落后，迫切需要普及和提高文化知识，但落后的文化往往是图书室工作受阻的因素之一。加上经济条件比较差，农民居住分散，相隔甚远，建室后多半只是所在村子受益，而且离城又远，有钱也难以买到合适的图书等因素，图书室即使建立起来也难以巩固。

可见,把办村图书室作为发展农村图书室工作的重点也不甚适宜。当然,并不排除在一些经济条件比较好、人口比较集中的村办图书室。只要条件成熟,图书室办起来后又能巩固,并有较好的效益,就应该把村图书室办起来。一般情况下,村可以办以流通县图书馆、乡图书室的图书为主,自备一些报纸、杂志的图书流通站或阅览室。

现在,有不少地方提出以办好乡图书室为其重点。事实上,乡图书室虽然起步比较晚,但发展速度比较快,而且发展前途大。例如,广东省台山县共有二十四个乡,1973 年建立了第一个乡图书室,至 1974 年发展到五个,到 1982 年共有十七个,占全县乡数的71%[②]。吉林省通化县就乡、村、组三级图书室在 1975 年、1979年、1981 年三个阶段中建设变化的情况作了调查统计。其情况如下表[③]:

年份	乡图书室			村图书室			组图书室			全县图书室数
	乡数	图书室数	图/乡	村数	图书室数	图/村	组数	图书室数	图/组	
1975	20	3	15%	138	42	30.4%	914	553	60.7%	578
1979	21	5	23.8%	146	18	12.7%	913	11	1.2%	34
1981	21	15	71.4%	155	23	14.8%	1004	5	0.49%	43

上表中,乡和组图书室分别向相反方向发展,一个显著上升,一个显著下降,而村图书室是发展——下降——略上升,即走过了"N"形路。但上升后的村图书室,也只占村总数的 14.8%,要使每个村都把图书室办起来,距离甚远。因此,在目前和今后若干年内,应将办好乡图书室作为农村图书室的发展重点。

乡图书室上靠县图书馆,下连村图书室,它是农村图书室的中坚环节。根据中央书记处关于 1985 年后逐步在乡(公社)建立分馆的精神,各地可有选择地试行,摸索经验,做好在乡(公社)设分馆的准备工作,一俟国家经济条件许可,就可将乡图书室的隶属关系顺理成章地纳入到国家公共图书馆系统中来。这样,乡图书室的人员、房舍、经费以及各项设施、设备等,都可以纳入国家的预算中去,就能从组织上保证农村图书室的巩固和发展,同时也便于上一级图书馆的业务辅导和图书协调。

二、建立乡农村图书室的意义和条件

首先我们应当看到目前国家尚未在乡建立分馆之前,建立乡一级农村图书室条件是最为有利的,这是因为:

1. 乡集镇更需要图书资料 乡所在地一般是小集镇,是全乡政治、经济、文化的中心,人口多,行业多,工农商学俱全,比起村来,对图书资料的要求更迫切。

2. 经济问题容易解决 一般乡都有一定数量的社办企业,有着自己的资金积累,与村相比,乡的经济力量要强大得多。

3. 图书流通范围广,利用率高,服务效果好 乡四邻的村,读者可直接到图书室借阅,较远的可由村委托专人办理集体借阅。

4. 便于加强领导和管理 乡图书室一般设在乡政府所在地,平时乡领导和文化站长可以对它实行面对面的直接领导,对工作也便于安排和检查。

5. 可以组织村、社办厂图书室之间的互借和协调采购图书 乡图书室可以了解各村、社办厂图书室的藏书家底和读者需要,使有限的经费使用更合理。

6. 发展前景好 根据中共中央书记处 1980 年通过的《图书馆工作汇报提纲》的精神,1985 年后,逐步要在乡(公社)设分馆。现在我们及早做好这方面的准备工作,为逐步发展打好基础,将来向"分馆"转变就比较容易。

其次是办好乡图书室的意义。

1.有利于农村图书室网的建设　农村图书室网必须从纵横两方面建立。纵的方面,就是县馆、乡室、村室三者联成线。横的方面,就是以一个一个乡为单位,再拉成片。无论从纵的方面还是横的方面看,乡图书室在农村图书室的建设中,都具有举足轻重的影响,都是不可缺少的。纵的方面缺了它,县馆和村室就成了"断线珍珠";横的方面缺了它,村室就会"群龙无首"。当然,从全县范围来说,县馆毫无疑问是整个网的中心,但这个中心往往不够具体,即使县馆的同志天天往下跑也来不及,而让村的同志上来,一方面增加了负担,另方面收获也不会大。即使"网"的架子搭起来了,也不会紧凑有力,甚至流于形式。但是,建设好乡图书室,使其自然成为一个乡图书活动的中心,情况就大不相同了。这不仅因为一个乡内各村的基本情况相同或相近,范围适当,相互熟悉,联系方便,更因为有利于因时因地制宜地开展活动,容易收到较好的效果。这就扬了县馆之长,避了县馆之短。在纵的方面起承上启下的作用,在横的方面起组织者的作用,"网"的有机联系就大大加强了。

2.有利于县馆加强基础辅导　一般说,加强农村基层辅导工作,是县馆工作的主要内容之一。这个工作面广量大,一个县有几十个甚至上百个村图书室,各室情况差异又大,工作艰巨复杂,而县馆的编制少,人手紧,辅导力量尤其薄弱。辅导人员尽管含辛茹苦,常年奔乡走村,工作还难以搞好。尤其是了解的情况共性的多,个性的少,很难对症下药,真有难言之苦。乡图书室的同志长年生活在农村,同村图书室接触多,情况摸得细,问题提在关键上,出的主意也就切实可行。总之,乡图书室的建立,使县馆有了"眼睛"、"耳朵",参谋和助手。只要做好乡室的辅导工作,整个农村辅导工作就会得心应手,全盘皆活。

3.有利于资金和图书资源的合理使用　长期以来,农村乡、村、社办厂图书室在组织上各自为政,活动上孤军作战,管理上盲

26

人瞎马,对资金和图书资源的利用更是各行其是,互不协调。办了乡图书室,它可以在本乡范围内的各图书室中起组织者作用,调节图书资源,开展互借,互补有无,提高图书的利用率,从而节省资金,提高农村图书室的投资效益。

三、把建设好文化中心图书室作为乡图书室建设的重要一环

文化中心图书室,实际就是乡图书室。1980 年文化部规定,农村公社、集镇建立的文化中心,必须有图书阅览阵地和图书管理员队伍。文化中心图书室和一般乡图书室相比,具有更多的有利条件,并能发挥更大的作用。

首先,在领导上得到了加强。一般文化中心都有比较健全的领导机构,统一管理文化中心的各个方面和安排布置、检查督促各项工作。图书室作为文化中心的一个组成部分,文化中心的领导机构也就是图书室的上一级领导组织。在没有成立文化中心的地方,有的图书室虽然有领导小组,有管理措施,甚至乡党委成员也挂了"帅",但是,图书室一旦出了问题,发急的只有图书管理员,若向领导请示汇报,图书室工作在乡党委议事日程上难以排上号,找文化站长,他是"光杆司令",心有余而力不足。因此,这些地方的图书室由于领导不力,管理不善,困难不能及时解决,发展比较缓慢。把图书室纳入文化中心,上述现象可以得到较好改变。

其次,图书室经费更有保障。在农村各项文化工作中,有的同志认为花钱少、牵制人力少、效果好的工作要数办图书室,办了图书室,有了稳定的阵地,一年花上几百至千多元钱,就可以源源不断地向农民输送精神食粮,进行思想政治教育,普及科学技术知识。但是,办图书室毕竟是花钱的事情,无盈利可言。虽然不少图书室向读者收租金,但收入毕竟有限,一般入不敷出,能完全"自给"的图书室很少。在集体经济力量比较薄弱的地方,图书室经费是个比较"头痛"的问题。文化中心图书室,它的经费可以得到

文化小工厂盈利或其他文化活动诸如书场、影剧、电视等收入的资助。例如，广西合浦县石康乡文化中心，1980年一年中影剧收入达一万四千二百七十八元。这部分收入，除了影剧院本身进行修缮和增添设备外，还可提取一部分供图书室使用，解除或减轻图书室在经费问题上的苦恼。图书室有了经费，发展建设就会更快，步子就会更大。

再次，扩大了图书的流通和宣传。文化中心有各种设施，而且有经常性的活动。文化中心是农民的乐园，也是农民集合的中心和看书学习的阵地，不少农民到文化中心看戏看电影时，利用开演前的时间进图书室看书、看报，看完影剧后，还可以乘便把书借回去看。因此，其他文化活动增加了图书室的读者，扩大了图书室在群众中的影响，从而扩大了图书的流通和宣传。

图书室离不开文化中心，文化中心的其他工作也离不开图书室。例如，幻灯编制、剧目创作、橱窗宣传、资料编印、说书讲故事等，都需要图书资料，图书室能及时提供方便，使这些工作开展得更顺利。

由于文化中心图书室具有上述有利条件，一般在不长的时间内就能初具规模。据有的地方调查，已办起来的文化中心图书室，一般不存在关门停办等现象。因此，在目前和今后若干年内，农村图书室的建设应把重点放在文化中心图书室（包括乡图书室）上，真正把文化中心图书室建成全乡的藏书中心、业务辅导中心。

①见《图书馆学研究》1983年第一期
②见《广东图书馆》1983年第一期
③见《图书馆学研究》1983年第一期

第五章　农村图书室的经费来源

办图书室,是一种花钱的事情。农村图书室要巩固发展,就必须年年花钱,经常花钱。有的图书室办起来后经费不能经常补充,基本设备无法添置,甚至常年不能添购新书,致使图书室无法开展正常活动,有的只能停办关门。因此,必须想方设法解决好农村图书室的经费问题。由于农村图书室在还没有办成由国家投资的分馆之前,仍然是农村集体举办的一种文化设施,国家还没有足够的力量给予更多的资助,村以下的图书室更是如此。它们的经费问题主要还是依靠集体的力量来解决,其办法大致有以下几种:

一、提取适量公积金、公益金

公益金是农村集体用于农民福利事业的基金。创办图书室,满足农民看书学习和文化生活的需要,是一种有益于农民的事情,是在文化生活上为群众造福的一种特殊形式。因此,提取少量公益金办图书室,多数群众是欢迎的。

公积金是集体用来再生产和扩大再生产的基金。农村的文明建设,包括物质文明和精神文明两个方面,因此,再生产也可以从物质再生产和精神再生产两个方面来理解。创办图书室,帮助农民提高科学文化水平,改善农民看书学习的条件,是一种智力投资,属精神再生产范畴。提取少量公积金用于图书室,一般说是可行的,群众是赞同的。

公益金、公积金提取的比例,可在 0.5%~1.5% 左右。少了,图书室正常活动难以维持,多了,加重农民负担。例如,某村有十个组,各组公益金、公积金合计为二万元,村办图书室,可按比例提取一百元至二百元,平均每组负担十元至三十元。每个组以二百人计算,平均每人每年负担五分至一角五分。公益金、公积金在图书室上的使用,应该每年按比例提取,不要随意中断,以保证图书室正常活动的开展。在创办图书室初期,由于需要添置设备、修理房舍等,最好能多提取一点。

提取公益金、公积金的办法一般适于村、组两级图书室,乡办图书室不甚适宜。

二、从社办企业盈利中调拨

目前,农村社办企业(乡、镇企业)的数量比较可观,队办(村办)企业也为数不少。从社、队办的企业的盈利中抽调一部分作为图书室的经费,在图书室初办时是一种行之有效的办法。

提取企业盈利的数量,取决于图书室的规模和社队企业盈利的多少。一般说,企业盈利比较多,图书室可以办得大一点,适当多提一些也无妨;反之,则少提一些。提取资金的数量,可按乡、村总人口计算,在目前条件下,平均每人三至五分钱即可。例如,某乡有二万人口,则从各企业中提取六百元至一千元,然后按各企业盈利的多少进行分摊。

在初办图书室时,叫各企业都支持一点,大家都是乐意的,至少说是愿意接受的,如果常年提,不利于各企业的经济核算,企业容易产生意见。

三、列入乡政府财政预算

把图书室经费列入乡政府财政预算,是解决图书室经费,保证图书室稳步发展的有效措施。目前,列入乡政府财政预算是乡图书室经费来源的主要途径。江苏省宜兴县铜峰乡规定乡图书室每月购书八十元,加上管理员工资、订购报刊杂志和业务、办公等费用,每年乡政府预算支出二千元。

把图书室经费列入乡政府财政预算,在农、副、工生产发展比较快、经济比较富裕的地方尤其可行。

四、种青年文化田

通过团支部组织团员、青年利用田边地头种植粮食作物或各种经济作物,用其收获所得做图书室的活动经费。用这种办法来解决图书室的经费,比较适宜于村图书室。因此,有条件的村可拨一部分耕地、山地、水面等,供青年业余种植或养殖,其所得作为图书室经费。例如,青海省湟中县谢家寨村团支部种小麦三亩、油菜四亩、苗圃十一亩,1980 年收入三百多元,1981 年超千元。他们两年就购书一千多册[①]。四川省雅安县下里乡七老一组的青年们利用田边地角,荒地荒坡,开垦荒地五点一亩,筑塘三个(水面达一点三亩),放养鱼苗三千多尾,积造肥料五万三千多斤,植树一千二百多株,收获玉米五千六百一十一斤,油菜籽二百三十三斤,黄豆七十八斤,红苕一千六百一十二斤,黄麻三十斤,细茶三十九斤,烟叶五十斤,共筹集资金一千四百四十三元,为巩固和发展图书室奠定了基础[②]。

团支部组织团员、青年种文化田,其实质是义务劳动。在一些不具备青年种文化田的地方,可组织团员、青年进行有报酬的劳动,其报酬的全部或一部分用作图书室经费。这种方法,在图书室初办时比较奏效,青年人把图书室看作自己活动的场所,对办图书室也特别热心,进行一、二次或若干次义务劳动一般都是乐意的。

发动和组织青年进行义务劳动,有的同志认为已经过时,尤其现在农村普遍实行了生产责任制,更难推广。其实不然,只要组织得当,措施合理(如给参加劳动的团员、青年表扬和一半报酬等),

仍然行之有效。当然,义务劳动由于经费来源不稳定,只宜作为图书室经费来源的补充。

五、专业承包

由团支部主持,承包村、组某一项专业,组织团员、青年轮流劳动,其报酬作为图书室活动经费。这方面,可包括长年承包和临时承包,承包项目如:承包养猪场、养鸡场、代销店、茶馆、护林等等。用这种方法解决村、组图书室的经费,与目前农村的各种形式的责任制是基本相适应的。

六、群众献书献款

筹集图书,对于图书室来说,与筹集资金在实质上没有多少区别。因此,发动群众献书也可以作为图书室经费来源的一种形式。

在图书室开办时,发动群众献书捐款,往往能收到较好的效果。有的群众为了支持图书室,往往愿意将自己的一部分甚至全部藏书献出。宜兴县分水乡东湖村在办图书室时,一位退休工人将自己的三百多册藏书全部献给了图书室。

有的地方在筹办图书室时,与出生在本地现在外地工作的同志联系,请求他们的支持。例如,原教育部长蒋南翔得知家乡办图书室,立即汇上人民币三十元,以表支持。有的地方把献书与看书结合起来,开展"献一本看百本"的活动。还有的地方规定乡、村各团体组织帮助图书室订阅报刊杂志,如规定共青团订购有关青年方面的报刊杂志,妇联订购妇女方面的报刊杂志,等等。各团体组织订购的报刊杂志,都集中到图书室,供本乡或本村全体农民共同阅览。实际上,这是一种集体献书的形式。

接受爱国华侨、工商界知名人士、著名知识分子的捐款,也是农村图书室经费来源的途径之一。

以上几种方法,都能收到一定的效果。但是,献书捐款只能在办室初期或搞重大活动时搞一、二次，不宜多次采用。献书与捐款相比较，献书较好发动，捐款较难。而捐款，可采购图书室需要的新书。可是献书，往往征到很多失去阅读价值的废书、旧书，量多质次，利用率较低，且压架。所以，发动群众捐款比献书有利，二者也可并用。

七、代售书刊

售书，就是帮助新华书店、邮局发行图书、杂志。图书室可以主动和当地新华书店、邮局或供销社挂钩，订立合同，为他们代售书刊、年画等。这样，既可扩大图书发行与宣传，又可以取得一定比例的手续费，补充图书室经费的不足，还可充分挖掘图书管理员的劳动潜力。

八、各种罚金

乡、村、组根据各种维护集体利益、保障集体财产和安全完整的公约或文明村乡规民约等对违者处以适当的罚金，这笔罚金大部分作为维护本公约制度的经费，但也可以从中提取若干宣传教育费做图书经费。

九、废书刊处理费

图书室的报废书籍、报纸和期刊，为防止压架，可做处理。处理得款可用来采购新书，作为图书室的书刊更新费用，但这部分经费十分有限。

十、以文养文　以书养书

文化中心图书室的经费，可通过文化中心的影剧、书场、电视等收入及文化小工厂的收入来解决，即文化中心运用自身的力量来扶持图书室。

作为图书室本身，以文养文主要是出租图书，利用图书租金来解决图书室一部分甚至全部费用，即以书养书。

出租图书，以书养书是在经费仍不能完全解决情况下的一种过渡形式。可将出租图书的钱用来买书，这样做，出租图书不断，新书补充也源源不断。以书养书的办法，实际上对农民读书来说是一种花钱少、受益多的好办法。据调查，这种办法农民是欢迎的，而且在农村是必要的、可行的。有不少图书室原来是书多读者多，书少读者少，书了（看完了）读者了，有许多读者因借不到书，跑到城镇、市区租书看，有的农民只得掏钱买书看。图书室出租图书，收费低，给方便，读者是欢迎的。

从另一方面看，看书的人总是一部分，谁看书谁掏钱，公平合理，一部分不看书的人对办图书室也不会有意见。租书有收入，减轻甚至完全不要集体负担，领导也满意。因此，农村图书室尽管经历了几起几落的过程，但为数众多的图书室实行租书后，反而得到了巩固和发展。湖南省南县八百弓乡图书室，一年多租金收入一千三百九十七元一角八分，先后购书五十七次，二千四百七十三册，计购书费九百二十五元八角八分，占租书收入的百分之六十七。除开支图书管理员工资外，尚结余十多元。基本上做到了以书养书，略有节余③。

租书收费标准，一般是小说出租一天收费一分，连环画不出阅览室看一本收一分，借回家看加倍。图书出租范围，一般限于文艺类，对其他各类尤其是政治、农技类图书，一般不要出租收费。

以上几种办法，可单独采用，或二种、多种兼用。总之，为了解决图书室的经费问题，要想方设法，广开门路。

①见《青海图书馆》1981 年第四期
②见《四川图书馆》1982 年第四期
③见《湘图通讯》1982 年第三期

第六章 农村图书室图书管理员问题

农村图书室图书管理员问题,在一定意义上与农村图书室经费问题同样重要。许多图书室停停办办,与图书管理员工作责任性不强、管理不佳等因素有直接关系。一个好的管理员,往往通过不懈的努力和艰苦的工作,能够改变图书室落后的条件,并使一些原来不重视图书室工作的领导同志改变看法。可以说,在一定的客观基础上建立起来的图书室能否巩固和发展,管理员是个关键。

在目前和今后若干年内,农村乡、村图书室管理员一般只能配备(专职或兼职)一至二人,目前多数乡、村图书室只有一人。图书室的各项工作,无论大小、内外、上下等方面都由一、二个人承担。在农村,他们不仅是图书管理员,而且是党的宣传员,也是农民的勤务员,他们是农村各级党组织名副其实的"参谋"和"助手"。因此,能否选择好图书管理员,是决定图书室各项工作好坏的关键。建设一支高质量的管理员队伍,是开展农村图书室工作的重要途径。

一、图书管理员应具备的条件

1. 全心全意为读者服务 图书管理员是农村集体的公职人员,他们为全乡、全村的农民服务。要爱室如家,爱书如命,廉洁奉公,遵纪守法,埋头苦干,不谋私利,全心全意为读者服务。具体地说,农村图书室管理员在全心全意为读者服务方面,应当做到"三心"与"三勤"。"三心"是：第一，对读者要热心，不管男女老少、干部群众，只要来看书、借书，都要热情接待；第二，对书刊要细心，每次读者借阅，都要做到有交代，有要求，关照他们看书要爱书，书还来后也要仔细检查一下，看看是否有差错或残缺；第三，处理问题要耐心，在借阅过程中，有的读者要查阅资料，有的要求解答问题，有的不懂如何借阅，等等，对这些问题，管理员要不怕麻烦，都要耐心接待。"三勤"是：第一，嘴勤，图书阅览工作是为群众服务的工作，因此要注意联系群众，与老老少少都谈得来，千万不能板面孔，拒人于门外；第二，手勤，平时购书、借书、还书等有关情况，都应有记载，注明来龙去脉；第三，脚勤，勤跑新华书店，及时购买新书；勤跑各家各户，根据农时季节和读者需要，送书上门；到期不还的读者，要催书上门。

2. 较高的文化水平　图书室工作是以图书为服务手段的工作，管理员成天打交道的是图书和读者。要利用图书做好为读者服务工作，就必须熟悉图书，了解读者。同时，图书的收藏、管理、流通等也是一门科学，管理员没有一定的文化基础就难以胜任。对读书的了解，读者阅读心理及阅读倾向的研究，也必须以文化作为基础。

目前，农村图书室图书管理员的文化水平偏低。据有的县统计，高中文化程度的不到百分之四十，多数是初中和高小文化程度，有的甚至是初小文化程度。由于文化程度普遍偏低，管理员的知识与工作不相适应。有的管理员不知道俄罗斯是指哪个国家，有的对我国的省会所在地报不出几个，有的误认为延边自治州就在延安边上。在业务知识方面，多数管理员没有受过较为系统的业务培训，有的即使参加过培训，由于培训时间短，学习内容少，对图书室工作的一些基本知识掌握不够，加上有的管理员是兼职，而且经常易人，难以顾及学习，工作也就难以做好。

实践证明，农村图书室管理员，尤其是乡一级图书室的管理员,不仅应选拔具有高中文化水平或相当于高中文化程度的同志来担任,而且领导应支持他们参加县图书馆举办的业务短训班,参加各种形式的函授、刊授等多种形式的学习,鼓励他们努力提高科学文化水平和业务能力。

3. 身体健康　健康的身体,是搞好工作的一个不可缺少的因素。就一般借借还还、开门关门而言,老弱病残者也基本能胜任,如果要不断提高工作质量,没有健康的身体、充沛的精力、旺盛的干劲是不行的。尤其需要注意的是,管理员每天都和大量的读者打交道,患有传染病的人不能担任管理员。管理员一旦患有诸如肝炎、肺结核、传染性皮肤病等传染性疾病时,应及时进行调整。

二、管理员的人选和配备

根据管理员应具备的基本条件,可选择以下几方面的人来担任管理员。

1. 退休教师(干部、职工等)　目前,有不少农村图书室的管理员是聘请退休教师来担任的。退休教师担任管理员的有利因素是:

第一,工作经验比较丰富,有一定的活动能力,能较好地把图书室各项工作开展起来;

第二,这些人受到党的多年教育,思想觉悟比较高,工作比较踏实,能全心全意地为读者服务,搞好图书室工作;

第三,有一定的文化水平,能较快地适应图书室的各项工作,掌握图书室的基本业务;

第四,报酬比较低,一般只要补足原工资,有的甚至完全是尽义务,这就节省了图书室的开支,减轻了农民的负担;

第五,家庭牵挂少,精力不易分散,图书室的正常开放能得到充分保证。

但是,退休人员年龄比较大,身体条件不甚佳,工作效率也不甚高。各地应根据实际情况,选配身体条件比较好,工作效率比较高的退休人员。在确定人选时,要充分征求他们个人的意见,取得他们的同意和支持。

2. **团员青年** 团员青年也是比较理想的人选,尤其是村一级的图书室,一般可由村团支部副书记或宣传委员担任。其有利因素是:

第一,青年人热情比较高,有工作积极性、主动性,能切实把图书室各项工作担负起来。

第二,由团支部领导担任管理员,有利于青年工作的统一安排,使青年活动与图书活动紧密结合起来,保证图书活动的正常化。由于共青团是农村政治活动、文体活动的骨干,图书活动又可以与这些活动有机结合。

第三,农村读者中青年人居多数,共青团支部可以通过图书室这个窗口更好地了解青年人的思想状况,促进团支部工作。但是,共青团的领导担任图书管理员不够稳定,如到年龄要退团、出嫁等。

除了退休人员、团员青年担任管理员外,还有文艺骨干、在校中学学生、农村医生、民办教师、会计、营业员等也都是兼职管理员的理想人选。

管理员的配备,乡一级图书室可配备专职,一般一至三人。图书室藏书多、规模大应适当多配。村图书室的管理员,除少数经济条件比较好的村外,一般配备兼职,人数一般为一人,或以一人为主,数人为辅。若配备专职,又以退休人员为佳,否则加重农民负担。

管理员选配的方法,可由群众推荐,领导讨论决定,也可聘请热心图书工作的同志(如家庭图书室成员、积极读者等)担任,或鼓励毛遂自荐。那种凭个别领导主观好恶任意决定,甚至乘机安排家属亲友的做法是不允许的。

为了使图书室工作保持稳定,并保证图书财产的完整,不管谁当管理员,图书室都应建立、健全各种规章制度;严格交接手续,使后继人有账可查,有章可循。

三、管理员的报酬

妥善处理好管理员的报酬问题,就能较好地调动管理员的积极性。专职管理员,一般应有比较稳定的工资收入,但其工资的数量,要有个基本参照标准。对退休人员,除补充原工资外,可适当给予补贴,如一天补二角或三角。对其他人员,可参照文化中心其他工作人员或其他单位人员的工资标准确定。

兼职管理员,大多是村、组两级图书室的管理员,他们开展图书活动的大部分时间是在业余时间进行的,对这部分人的报酬如何确定,现在看法不一。一般说,应贯彻按劳分配、多劳多得的原则。如果不关心或不帮助他们解决应解决的个人物质利益问题,完全靠政治思想工作解决问题,这是行不通的。有的农民说:"管理员、管理员,义务不挣钱,多劳不多得,麻烦还抱怨,不如搞副业,实惠又安闲。"有的积极分子则说:"管书全为公,义务来劳动,短期可坚持,日久劲头松。"这些心里话说明,多劳不多得,在少数积极分子中行得通,在广大群众中行不通;在短期内行得通,长期行不通。要保护和调动广大图书管理员的积极性,要把政治思想工作和物质奖酬制度结合起来,一定要坚持多劳多得,按劳分配的社会主义原则。由于各地情况不一,管理员在业余时间付出的劳动量也不等,因此对他们的报酬不可能采取统一的形式,只能因时因地因人确定报酬形式和报酬数量。根据各地经验,对兼职管理员的报酬有以下几种形式:

1.补助 按图书室开放时间(天数)计,多开多补,少开少补。例如,一个业余管理员每天晚上开放两个小时,补助两角钱,一个月补助六元钱,全年七十元钱,一个村以十个组计,平均每个组一年负责七元钱,农民担负得起。

2.年终一次奖 年终结算时,村或组以奖金的形式对管理员给予一次性奖励,鼓励他们在群众图书活动中做出贡献。奖励的数量,可根据图书室开放时间的长短和服务质量的好坏,由群众评议,领导决定。比如,一年奖励五十元左右。钱虽然不多,但体现了干部和群众对管理员的心意,对图书室工作的支持。

3.收取发证手续费 图书室在发放借书证时收取发证成本费,同时适当加收手续费,其手续费和书证成本费作为管理员的报酬。例如,一个借书证收成本费一角,加收手续费一角或二角,若发证二百张,管理员可得四十元或六十元。为使管理员每年有稳定的收入,图书室每年可以换发新证,或每年收取手续费。这种做法的好处是:谁借书,谁受益,谁付酬,公平合理。一个读者一年拿出二、三角钱也不会有什么意见。

4.专业承包 村、组可包给业余图书管理员一项专业性工作,其得到的金额作为管理员的报酬。如承包代销店、理发店、照相等,也可承包一块农田或一群牲畜,承包时要留有余地,有奖可超。超产奖励部分可视为管理员的工资。也可用责任田减少提成比例的办法来解决管理员的报酬问题。

5.本职工作为主、补助为辅 有的村、组会计、保健医生、电工、广播员等兼图书管理员,他们的劳动报酬主要是本职工作的报酬,但在年终补助时,可将兼职工作一并考虑进去,适当多加点补助。

第七章 农村图书室的组织领导与管理制度

加强对农村图书室的组织领导,健全农村图书室的合理的管理制度,是巩固和发展农村图书室的客观要求。

我们办图书室,往往是上面喊口号,提要求,甚至定指标,有关方面的人员也来督促。但是,图书室办起来后,归谁领导? 工作由谁安排? 人、财、物怎样管理? 怎样定期检查评比? 等等。这一系列的问题往往得不到很好的解决,使图书室处于松松垮垮的状态。因此,我们必须重视并加强农村图书室的领导,健全其管理制度,做到领导明确、组织落实、制度健全、有章可循,才能使农村图书室走上其正常的工作秩序。

一、明确和健全组织领导

农村图书室是一种社会文化设施。但是,图书室一般只有一、二人,有的还是兼职,力量比较单薄。即使有关领导重视,支持图书室工作,房舍、经费等都有了着落,有些方面工作的开展仍然有着许多困难。例如,要组织读书活动,仅有图书室的名义及一、二个图书管理员的努力是不够的。由于不少图书室缺乏一定的组织保证,图书管理员在一定程度上是"孤军作战",凭责任心办事,往往形成限于借借还还、开门关门的被动局面。要改变这种局面,首先必须解决图书室由谁领导、由谁主办的问题。

目前,各地图书室在组织领导上不甚统一。有的地方认为,农村图书室是党的事业的一个组成部分,农村图书室必须在当地党委(支部)的直接领导下开展工作。这是不符合中央关于党政分工的精神的,事实上也难以做到。

有的地方把图书室归共青团委(支部)领导。共青团是农村中一支最活跃的力量,在农村各项工作中也是一个举足轻重、影响较大的组织,图书工作是青年俱乐部的活动内容之一,图书室由团组织领导主办,组织上加强了领导,工作上直接有人抓,读书活动等工作容易组织和开展。但是,图书工作仅仅是青年俱乐部的内容之一,团组织在农村的主要任务不是发展农村文化事业,更不是开展图书室工作。因此,图书室由团委领导,图书室的发展就有可能受到一定的限制,甚至图书室工作会背离其本身的特点,完全置于青年工作之下。

有的地方把图书室归文化站领导。从广义上说,图书室属文化范畴,把图书室归文化站领导,有利于各项文化工作的统一安排、相互间的协调和促进。而且,文化站作为乡政府的文化机构,它的主要任务是领导和发展农村文化事业包括图书室在内。在隶属关系上,乡文化站在业务上归县文化局领导,文化站和县图书馆属同一部门,县图书馆对乡、村图书室的辅导,可以得到文化站的协同和支持,或直接通过文化站进行,使县馆辅导工作事半功倍,从而有利于农村图书室的发展。但是,文化站一般是一人一站,站长是"光杆司令",既缺乏行政权,又无专项图书活动经费,文化站想把图书室工作搞好,往往力不从心。

有些地方成立了文化中心,图书室是文化中心的一个组成部分,文化中心管理委员会也就是图书室的直接领导机构。但是,目前有的文化中心的领导机构比较松散,影剧、广播、图书室、文化站等都是独立核算单位,各顾各的现象在一定程度上还是存在,具体过问图书室工作的还只有文化站长,这种现象在成立文化中心的地方要加以改变。

鉴于上述情况,农村图书室归党委领导往往难以落到实处;归团委领导,图书室工作有可能受到某种程度上的限制;归文化站领导,往往力不从心。在农村,具体负责管理生产、流通、文教的行政机构是乡政府。因此,农村图书室应归属乡政府领导,把图书室工作列入乡政府工作之中。乡政府作为行政机构,它要对全乡各项工作统一安排,并作出规划。图书室工作列入乡政府工作后,图书室的房舍、设备、人员、经费等问题就有可能得到较好解决。

图书室归乡政府领导,但图书室的各项具体工作乡政府不可能一一过问,这里就有个图书室由谁主办的问题。根据各地实践经验,乡图书室还是归文化站主办比较合适。一方面文化站作为乡文化机构,它会把发展图书室、搞好图书室工作作为自己的任务之一;另一方面,文化站常年活动的主要阵地是图书室,会全力以赴地把图书室工作搞好。当然,全乡包括村、组二级图书室都由文化站主办,在目前还是难以做到的。文化站要全力把乡图书室办好,使它成为全乡的藏书和图书业务中心。村、组图书室则由村团支部主办比较适宜。文化站在业务上给予指导,或以图书借阅为手段,给予扶持。

二、建立岗位责任制

建立岗位责任制,是加强图书室管理的重要内容。所谓岗位责任制,就是明文规定图书管理员对其本职工作岗位应尽忠职守,切实负起应有的责任。它是对图书管理员在图书室工作岗位上应有的基本要求,也是衡量管理员的职业道德、业务技能以及工作态度和作风等的重要标准。

1. 建立岗位责任制的意义 (1)建立岗位责任制有利于提高工作效率。图书室工作,弹性很大,图书管理员不动脑子,不花大的气力,马马虎虎守摊子,应付一下日常的开门关门,借借还还,似乎也可以过得去,但是,要真正把各项工作搞好,做细,就要提高工作效率。管理员只有在自己的工作岗位上动脑筋,想办法,按照一定的要求和标准,保质保量地做好各项工作,才能保证图书工作的应有效率。否则,工作效率的提高就无从谈起。因此,建立责任制,是改变有些图书管理员守守摊子、借借还还甚至工作不负责任等现象的重要保证。(2)建立岗位责任制是促使图书管理员不断提高业务技能的重要条件。管理员业务技能的熟练程度决定其工作成效。而建立岗位责任制,则是促使人们练好基本功的有效措施。因为要求每个人尽力做好本职工作,必须完成一定的工作量,并达到合格的质量标准,没有熟练的操作技能是办不到的。

2. 岗位责任制的内容和要求　(1)岗位责任制的基本内容。农村图书室岗位责任制的基本内容应包括从图书采购、登记、分类、编目、上架、出借、修补到图书宣传、书刊资料的推荐以及设备、房舍的管理修缮等各项工作的质量标准和具体要求,以及完成这些工作所应遵循的各种规章制度。岗位责任制的内容还应包括图书管理员在工作中所应具有的职业道德,例如,管理员应具有任劳任怨,不计时间,全心全意为读者服务,文明办室,礼貌待人等等职业道德上的基本要求。(2)制定岗位责任制的基本要求是:一要内容实在、具体,切实可行。不写那些可有可无、空洞无物或实际上难以做到的条文;二要词义明白、文字简练、易懂、易记;三要条文少而精,避免重复啰唆。

总之,岗位责任制作为一种行为规范和准则,则应简明扼要,易于执行。

3. 要有严格的奖惩规定　有责就得有奖有惩,没有奖惩,也就不可能完全尽责。有些责任制,流于形式的一个重要原因往往就因为对尽责者无奖,对失职者无惩,干好干坏一个样。这就严重挫伤了管理员的积极性,破坏了责任制的执行。因此,一个完整的责任制,必须有相应的奖惩规定来保证落实。奖和惩都要以客观的具体考核为依据,尽量避免用主观评定的办法。不少地方把各项工作指标折合为分值,采用得分和扣分的办法考核图书管理员工作完成的情况,规定完成多少分得奖,扣除多少分受罚。这是一个值得探索的方法。

在处理奖惩关系上,应坚持以思想教育为主、惩罚为辅的原则,把物质赏罚与精神奖惩结合起来。对于超工作量的劳动,应适当给以超额酬金,以体现按劳分配的原则。特别是对其中优秀者,要同时授予相应的荣誉称号,给以精神鼓励。

三、加强对人、财、物和业务的管理

1. 对人的管理　对人的管理主要应通过责任制等形式,加强对图书管理员的领导,组织他们学政治、学业务,以提高政治思想水平和业务工作能力;帮助他们解决工作中和生活上的具体困难,贯彻按劳分配原则,合理解决报酬问题;通过口头、书面,直接的、间接的形式表扬管理员中的好人好事,使管理员能做到自觉坚持政治和业务学习,服从组织领导,积极参加有关社会活动;遵守国家法令,爱护集体财产;保证正常开放,文明服务,礼貌待人,熟悉业务,忠于职守。

2. 对"财"的管理　在这方面主要应健全财务制度,贯彻勤俭办室的原则,处处精打细算,节约开支。图书室各项费用的支出,以及有关收入,都要严格遵守有关财务制度,收、支账目要清楚。购进图书、设备以及各种有关用品要验收,经有关部门的签字后方可报销。租书收入要笔笔登记,做到日结月清。

租书收入记录格式是:

借期		姓名	单位	书名	还期		收租金			借书人签字	备注
月	日				月	日	元	角	分		

为了调动管理员的积极性,对租金收入可以根据实际情况确定定额。完成定额,管理员拿基本工资;超过定额,四六或三七分成,完不成定额,六四或七三赔偿;或全赔全奖。

　　领导对图书室的账务要定期检查,发现问题,及时解决。

　　3.对"物"的管理　对"物"的管理主要是指对图书室的图书、设备等要登记造册,并制定使用和保护措施,以保证集体财产的完整。"物"的管理应包括:

　　(1)设备管理。书架、书籍,阅览桌、椅,办公台、凳等的数量、规格、质量以及使用情况都要登记造册,要做到物尽其用,不得以任何借口挪作它用。(2)图书管理。图书、杂志、报纸的册数、种数、价格等都要记载清楚。要坚持损坏、遗失赔偿制度,对任何人都不得姑息迁就。图书期刊的赔偿情况要在图书登记簿的"备注"栏里注明。(3)业务用品的管理。笔、墨、纸、簿、卡片及有关电器的使用情况要有记载。任何人都不得把集体的东西占为己有,一旦出现丢失现象,要立即予以追查。

　　4.对业务工作的管理　这里主要指对图书的采购、分类、编目、借阅等工作应制定细则,并加以贯彻执行。现在有不少农村图书室基本业务工作没有健全的制度,做法也不够规范,例如,有的室把采购当成只买文艺书和小人书,把分类只分为政治、文学和科技三类,有的甚至连这么简单的分类也没有。读者咨询时,要他们自己查找。在管理的方法上,也政出多门,各行其是。对图书室实行业务上的管理,就是要改变这种混乱状况,要把各项业务工作统一起来,走规范化的道路。业务细则包括:(1)采购细则:采购工作必须有计划,确定各类图书的采购比例,定出采购的复本基数等。(2)分类、编目细则:按统一要求,结合本室实际进行分类、著录、编目。(3)借书和阅览规则:借书规则的内容主要是:借书的对象,发证手续,外借图书资料的范围、数量,借书的期限,损坏遗失、注销、赔偿的规定,过期还书的处理等。阅览规则有:借阅手续,阅览室的秩序和卫生要求,爱护公物等。(4)书库管理制度:包括有专人管理,图书入库的规定,非图书室人员进库规定,图书整理、图书修补、图书室定期清点和剔除以及书库防火、防虫、防潮、防盗等措施的规定。(5)业务统计制度:包括藏书统计,室内外借人数、册数,进室人数、阅览人数的统计等。统计工作要长期坚持,不能中断,统计数字要实事求是,不应估计或推算,以免失其准确性。

有了各种业务规章制度,仅仅是业务管理的第一步,更重要的是使各种规章制度贯彻落实。管理工作,就是一手抓规章制度的制定,一手抓规章制度的贯彻落实。

四、检查评比

图书室之间开展检查评比,是搞好图书室管理的一项重要措施。通过检查评比,可以推广先进,激励后进。

1.检查评比的范围和对象   检查评比一般应在全县范围内进行,全县的乡、村、组、社办厂图书室都应进行评比。但是,对四种规模不同的图书室应确立不同标准,同时进行评比或分期评比。就目前而言,检查评比的对象主要应是乡图书室。

2.检查评比的内容和标准   (1)组织领导。图书室工作列入乡政府议事日程后,政府中应有专人分管图书室,并具体领导,对工作有布置,有检查,并帮助图书室解决具体困难。(2)图书管理员。热爱图书室工作,对读者热心,对工作负责,有一定的文化水平,熟悉业务,相对稳定。(3)馆舍设备。有固定的专用房屋,与藏书相适应的书架、书柜等,与读者人数相适应的阅览室和阅览桌椅等设备。(4)经费。经费来源确有保证,购书经费专款专用,经费数量与图书室的规模基本相适应。(5)藏书和书源。有一定数量和质量的藏书(包括报刊杂志),并基本满足读者需要。有较多的购书渠道。(6)读者。图书室积极发展各种类型的读者,读者数量占总人口的5%—10%。(7)图书管理。图书管理包括图书登记、分类、编目、借阅、工作记录等制度健全,手续完备,并坚持贯彻执行。(8)图书宣传。有图书宣传专栏,有一种或几种图书宣传活动形式。(9)图书室协作。坚持执行协作制度,积极开展协作活动。

3. **检查评比的方法**　可采取对口检查,层层评比,民主推荐,领导审核的方法。分别评出乡、村等先进图书室(包括先进图书管理员)。为了使检查评比不流于形式,可将检查评比的内容再具体化,每一项内容定为若干分,即采用百分制的方法,逐一对照检查,或得分,或扣分,有章可循。评出先进后,召开全县先进图书室代表会议或表彰大会,典型介绍,总结工作,交流经验,表彰先进,部署任务。还可设立循环红旗,授予优胜者。

在评比过程中,一定要严格标准坚持条件,实事求是,分等奖惩,先进要真正够格,不要凑数,不搞照顾。

主持评比工作的同志作风要正派,工作要细致。要深入每一个图书室,看现场、查记录、核数据、摆事迹。数据要确凿,资料要完备,事迹要真实。

参加评比的每一个图书室要有工作日记,记载开放日期、时间,记录流通人数、册次,登记活动项目、活动人次等。要有业务档案,即搜集整理各种活动的文字资料和实物资料。

第八章　农村图书室的设施、设备及用品

图书室的设施、设备及有关用品,是农村图书室开展正常工作的主要物质条件之一。因此,各图书室都应在可能的情况下解决好设施、设备及用品问题,以保证图书室各项工作的正常进行。

在解决设施、设备及用品问题上,各图书室要以因地制宜、因陋就简为原则,从本室的条件和需要出发,讲求实效。

一、设施

设施,主要是指图书室的房舍。图书室的房舍,应适应读者阅览、图书保藏等特点,室内要通风、干燥,光线明亮。其位置,一般应放置在乡集镇的中心,或人口集居的地方,以方便群众利用图书室。

在经济力量比较强、条件比较好的乡村,图书室应根据其特点要求建造新房。由于图书室藏书每年都在增加,而且随着生产力的发展,读者人数、人次也会不断增长。因此,在可能的情况下,建造房舍时应从长计议,其面积尽可能大一些,以适应日益发展的形势。

在经济比较薄弱、条件比较差,暂时无力建造新房的乡村,可调用或挤出一部分公房,如办公室、会议室等,归图书室使用。也可把集体堆放柴草、杂物及各种作用不大、面积不小的仓库、旧房加以改造,粉刷整新,充分利用。

在上述情况下还不能解决时,可购买民房或租、借一些企、事业单位的公房(包括民房),权且充用。总之,应想方设法使图书室有个立足之地,并尽可能改善其条件,为全乡、全村人民提供一个良好的看书学习场所。

已经建立起来的农村图书室,房舍一般比较简陋,使用面积也比较小。据了解,多数图书室的使用面积在 40～100 平方米之间,超过 100 平方米的图书室为数甚少。为了使现有的条件得到充分利用,图书室内阅览、藏书、外借等部分的设置要讲求科学,布局力求合理。这里介绍几种布局方案,供各图书室参考。

图一

①40~60 平方米

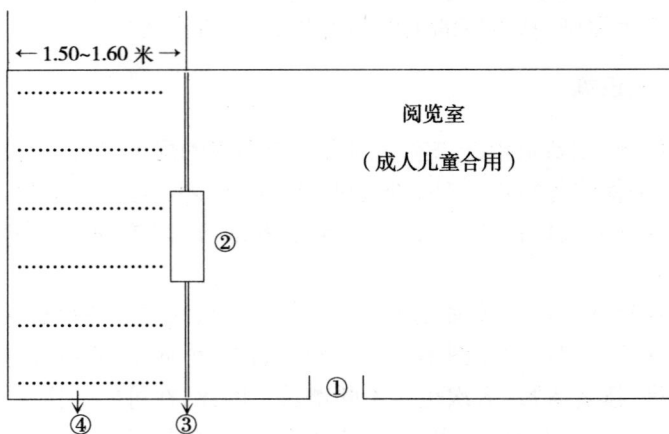

图二

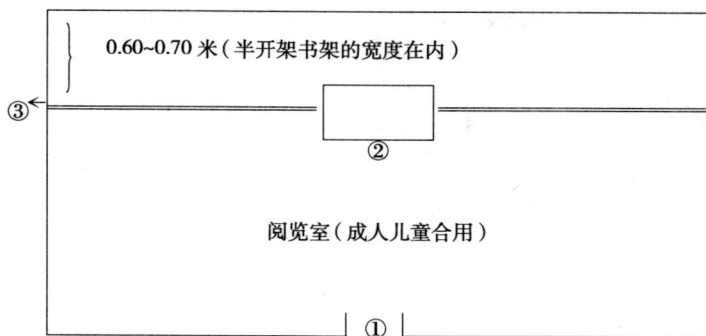

图三

②60~80 平方米

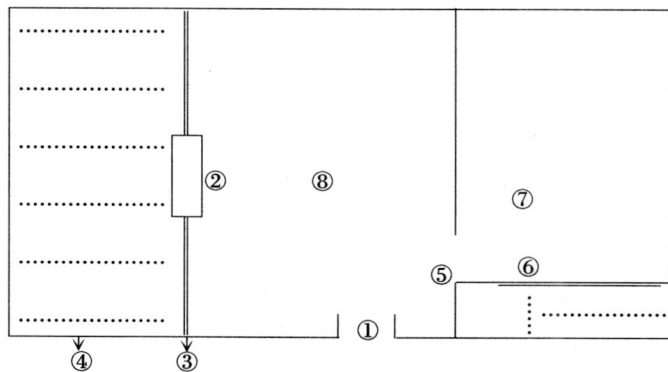

图四

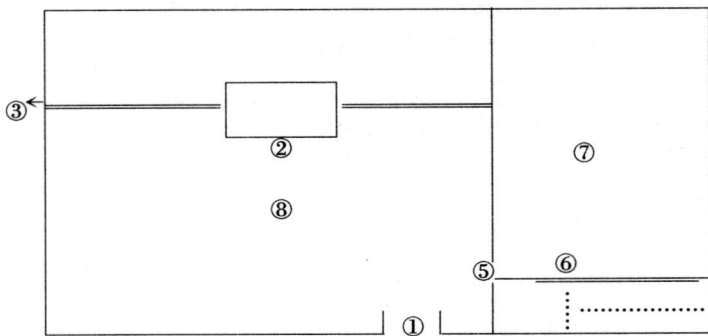

图五

③80~100平方米

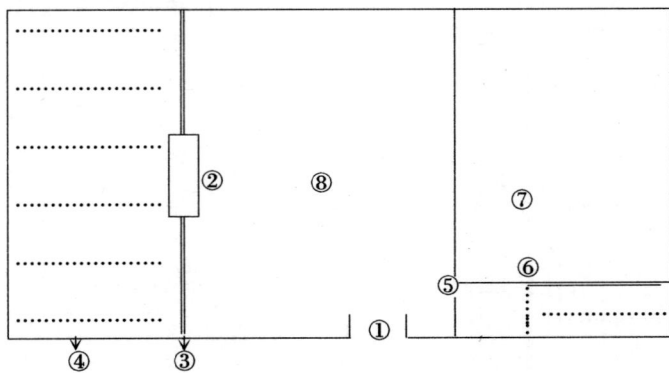

52

图六

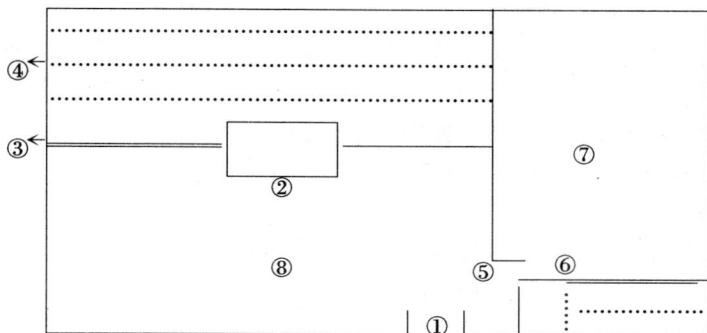

平面图说明：①大门　应尽可能阔敞点，以免读者人流高峰时相互碰撞、拥挤。门面装饰要雅致、大方，尽量反映图书室的特点。②外借台　敞开式和活动门结构，便于读者交谈和工作人员出入。台面宽 40～50 公分，长 80～90 公分。③半开架书架。④书架。⑤进入儿童阅览室门　可开小一些，以便于工作人员对小读者的管理。⑥儿童阅览室的工作台和收藏儿童读物的橱柜。⑦儿童阅览室。⑧成人阅览室。

藏书较多的图书室可按"图一、图三"布局；藏书较少的图书室可按"图二、图四"布局。

"图五"和"图六"均适用于藏书较多的图书室。其中"图六"半开架面大一些，比较适应农村图书室的特点，但房屋结构往往不便这样布局，因此要因房而宜。

使用面积超过 100 平方米的图书室在农村还相当少，其结构、布局这里就不作介绍了。但使用面积一旦超过 100 平方米，图书室在内部的结构、布局上，应尽可能把借书处和阅览室分隔开，以便借书的读者群和嘈杂声干扰阅览室的读者，使阅览室保持相对安静。

二、设备

设备包括书架(杂志架、报纸架等)、阅览桌椅(成人和儿童)、目录柜和卡片抽屉、流动图书箱等。农村图书室的设备建设,也应以因地制宜、因陋就简为原则,尽量少花钱,多办事。这里着重介绍几种基本的、常用的、可以就地取材的设备规格要求,供设计制作时参考。

1. 阅览室的基本设备 (1)半开架用书架宽 110 公分,高 213 公分,深 22 公分;每架分七格层,每格高 27 公分,每层板厚 2 公分;脚高 10 公分。

朝读者的一面应安装玻璃,每格层玻璃空 2～2.5 公分空隙,以便用手指拨动图书。如不用玻璃,可用铁丝网封面,每个网洞需 2～2.5 公分直径,能伸进一个手指头推书。

如果条件一时不具备,可用砖砌成壁橱代替,隔板用水泥预制板,壁橱离地高 30 公分,其它尺寸相同。

(2)阅览桌椅

①成人阅览桌椅 四人双面阅览桌:长 1.4～1.8 米,宽 0.9～1.0 米,高 0.8 米;六人双面桌长 2.1～2.5 米,宽 0.9～1.0 米,高 0.8 米;八人双面桌长 2.8～3.5 米,宽 0.9～1.0 米,高 0.8 米。

阅览椅可用常用的靠背椅、长条椅、独木长板凳、水泥预制板长条凳等。凳椅四脚最好要钉橡胶垫,以免椅子移动时声音过大,影响他人阅读。

上述几种凳椅的规格、大小,均可因地(房)、因材而宜,但以经济、实用为原则。

阅览桌椅在农村图书室一般不易配套,各室可根据具体情况,从乡镇企业、事业单位借用,或从乡、村办公室和会议室中抽调一部分。

②少年儿童阅览桌椅　四人双面阅览桌：高 52～66 公分，长 100～110 公分，宽 80～90 公分；大人双面阅览桌：高 52～66 公分，长 150～170 公分，宽 80～90 公分。

单张凳：高 30 公分，长 30 公分，宽 20 公分。

单张靠背椅：高 30 公分，靠背加高 40 公分，长 30 公分，宽 32 公分。

三人长凳：高 30 公分，长 100 公分，宽 20 公分。

（3）阅览览室杂志架　①成人：前高 84 公分，后高 98 公分，宽 46 公分，长根据实地需要。②少儿：前高 69 公分，后高 83 公分，宽 46 公分，长根据实地需要。

为了节约材料，新到杂志（成人和少儿）还可用"杂志盒"装盛，杂志盒上贴上杂志名称的标签和编上该杂志号码，然后把杂志盒排放在半开架书架上，读者和工作人员可以叫号和按号取杂志。这种方式适用于杂志较多、阅览室较小并采用半开架借阅的图书室。

在节约材料的基础上，为使杂志醒目，既给读者看到杂志封面，又看到期数，可用一块木板（三夹板、纤维板均可）斜立，上面钉上木条，约 27～30 公分一档，每档中间拉上一条橡皮筋，把杂志排放在木板上，压在橡皮筋下面。用木板排放杂志，在杂志较少的图书室比较可行。

如果暂时没有材料制作杂志架（包括盒、板），新到的杂志可在左上角穿上线，在墙壁上钉上钉子，把杂志挂在钉子上，也可在墙壁上拉上铁丝，铁丝上串上木夹，把杂志夹在木夹上。

（4）阅览室报纸架　制作报纸架时要注意用材少，占地小。一般亦可在墙壁上钉上钉子，把报夹架在钉子上。

2. 书库基本设备　（1）书架：单面放书的书架，其规格参见"半开架书架"；双面放书的书架，其深度由 22 公分增加到 44 公分。（2）报纸合订本架（存放报纸合订本）①高 203 公分，宽 75 公分,深 44 公分。每格层高 13 公分,板厚 2 公分。脚高 15 公分。②高 205 公分,分为 12 格,每格高 13 公分,宽 135 公分。分为两柜,每柜宽 60 公分,深 45 公分。每架可存放 24 种报纸,每格可容 12 个月的合订本。(3)期刊合订本架,可参考书架的尺寸,但每格层高由 27 公分改为 30 公分。

期刊架(包括报纸合订本架)的制作方法与书架同。在木料难以解决的情况下,亦可用砖墩和水泥预制板代用,或用 4×4 毫米角钢和 1.5~2 毫米薄钢板(尤以冷轧板为佳)制作。

3. **流动图书箱** 流动图书箱是农村图书室的主要设备之一。它不受地点、条件的限制,流动性强,占面积不大,村里、农民家里,田间、山里均可陈列阅览,就地借阅十分方便,是适应农村尤其是边远山区、边境地区、少数民族地区居住分散的乡村(自然村)的农民看书学习和普及科学文化知识比较好的一种方式。

流动图书箱不可太大,以免过于笨重,"流动"不方便,但也不可太小,装不上几册书。这里介绍一种规格,供各图书室制作时参考。

高 38 公分,宽 45 公分,深 18 公分。可配装图书 150 册左右,全重约 20 公斤,造价 10 元左右,一般可使用 8~10 年。

4. **卡片目录柜、屉的尺寸** (1)目录柜有九屉式、十二屉式、十六屉式等,农村图书室设置十二屉式目录卡片柜比较适宜。十二屉式目录卡片柜的尺寸是:高 45 公分,宽 50 公分,深 40 公分,柜脚高 50 公分。(2)目录卡片抽屉高 6 公分,前板高 9 公分,长 36 公分,宽 13 公分(长、宽为屉的实际尺寸,不包括木板厚度尺寸)。用半公分厚的木板制成,但前板用一公分木板制成。在前后板中央距底一公分处各钻孔一个(直径半公分)。前板应装有拉手及标目框。

三、用品

用品,是指图书室开展各项业务工作经常使用的必需品。

用品包括借书证、借书记录卡、图书(包括期刊)、登书簿、目录簿、各种统计表、书标签、图书室藏书专用章等等。这些用品在前面几章中已结合论述内容陆续作了简单介绍,这里不再重复。除了上述用品外,图书室还应购买、自制下列用品。

1、卡片、导卡

(1)卡片　其规格为:12.5 公分 ×7.5 公分。

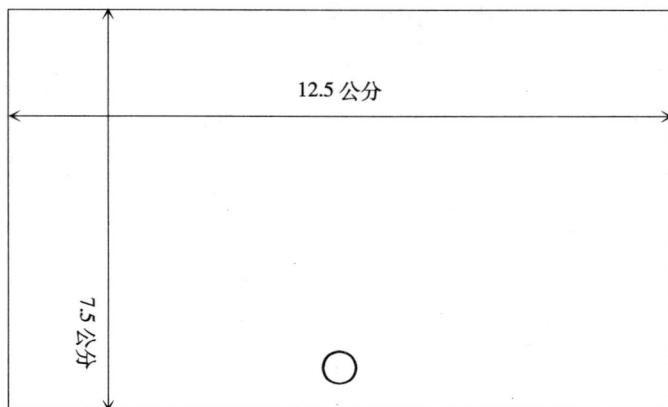

(2)导卡　它的规格和卡片相同,但上端带有突出的导目。分有五种开式,它的作用在于将许多著录好的卡片分成若干组,标识突出醒目,便于读者迅速地找到图书(见下页五开式导片品样)。

2. 书卡袋、书后卡

(1)书卡袋一般粘贴在封底页的里面,规格8.3 公分 ×9.3 公分。袋上应印上本册书的登录号及借书注意事项。

（2）期限表的填写项目有索书号、书名、个别登录号、价格。其作用，主要是记录该书的借阅情况。见下表：

索书号			书名		
登记号码			价格		
借者	借期	还期	借者	借期	还期

3. 书档、指引板

（1）书档的作用是使书架上的图书不倾倒，保持图书排列整齐。

（2）指引板用木板制成，与图书开本大致相同，放在每个类目之前，并在板上写上书号和类号，便于上架和取书。

第九章 图书管理的业务知识

图书管理员掌握一定的图书管理的业务知识,是办好农村图书室的重要条件,也是图书室做好读者服务工作的前提。农村图书室图书管理的业务知识包括图书采购登记、分类、编目、保管等环节。

一、图书采集和登记

1. 图书采集的途径　图书是图书室存在和活动的重要条件。图书的多少和质量的高低,是能不能办好图书室并使它巩固发展的重要因素。因此,要十分注意藏书的数量和质量,要广开书源,使它源源不断。

图书采集的途径很多,大体上有以下几种:

(1)购买　就是到新华书店选购,这是农村图书室图书来源的主要途径。购书一般由管理员到书店直接选购,这样可以基本保证图书室藏书的质量。图书室还可以委托社队企业采购员等外出人员到外地代购图书,这样可以节约图书室的人力和财力支出,还可以购到本地书店没有的图书。但是,请人代购时,购买什么书?复本多少?一定要向代购者交待清楚,不然会出现盲目购书现象。

(2)借阅　图书室在开办时,为充实藏书,可到县图书馆借一批图书,并定期或不定期到县馆交换,以保证图书常换常新。村、组二级图书室可直接到县馆借阅,也可到乡图书室借阅。条件较差的村、组图书室,可以借阅为主,自备一些报刊、杂志。

(3)调拨 图书调拨需要通过协商来进行,例如,为了办好乡图书室,可和乡集镇周围的几个村协商,把他们的图书调拨给乡图书室,归乡图书室统一收藏和管理,各村需要的图书资料由乡图书室负责解决,为了支持乡、村图书室的发展,县图书馆可视情况,调拨一部分图书给他们。

(4)受捐 接受单位和个人的图书捐献,也是充实图书室藏书的一个途径。

(5)交换 图书室把自己编印的有关资料和多余的复本与其它图书馆、室交换自己没有的图书资料。这种方法,可互补有无。因此,农村图书室不能忽视这一重要途径。

2. 图书采集的原则

(1)思想性 就是在采集图书中要坚持四项基本原则,好书要多采购,有副作用的书要严格控制。

(2)针对性 就是有的放矢,根据图书室担负的任务和农民对图书资料的需要状况选购图书。有针对性地选购图书,图书的利用率就比较高,花的钱就划算。我们要反对为了迎合个别人的爱好、兴趣而购买冷僻图书的不良倾向,也要防止把钱往书店一放,买什么书由书店选配的懒汉做法。

(3)计划性 就是采购什么书、采购多少书,都要做到有计划有安排。为了做到这一点,必须注意经常了解掌握读者对图书资料的需要情况;本乡、村政治、经济、文化等概况;图书室藏书的特点和薄弱环节;附近图书室藏书情况等。总之,要做到心中有数,才谈得上有计划、有安排。

在制订图书采集计划时,要加强调查研究,采用各种不同方法,广泛接触读者,征求他们的意见。根据农村图书室经费比较少等特点,图书采购计划一般应着眼于读者目前需要,适当考虑读者的长远需要。

（4）勤俭节约　就是精打细算，不能大手大脚，每次购书费用支出，都要掂一下是否合理。在这方面，各地已有不少好的方法。例如，有的管理员购书时先跑旧书店，折价购买所需书刊。有的管理员为了解决小说复本少，读者一时需要不能满足的矛盾，就把图书分散装订，如把《红楼梦》、《三国演义》等章回小说和中篇小说集化整为零，这样一册书可供几个读者同时借阅。但在分散装订时，要注意保护图书，保证装订质量，防止图书破损。

（5）种多册少　就是在定量经费的条件下，采购的图书品种尽可能多一点，复本少一点。对于中、长篇小说，读者的一时需要可能难以满足，但图书的使用寿命延长，避免积压，有利于经济效益的提高。

3．图书采集的比例　图书的种类很多，图书采集种类比例的确定，应基本立足于读者需要，但又不能完全依读者的需要为转移。例如，有不少图书室文艺图书的流通量在80%以上，但不能把采集文学图书的比例定为80%。因为文学图书无法代替其它图书的作用，如果那样图书室就难以完成自己所担负的各项任务。因此，在确定图书种类的比例时要通盘考虑，而且要根据读者需要的变化，对已定的比例经常进行调整，不能一成不变。

我们根据有关图书室采集图书种类比例的调查，其大致比例是：

马列著作、政治；青年修养读物	5%
农业经济及科学管理	2%
语文及史地	5%
自然科学各学科基础读物	5%
文学；艺术	40%
医药、卫生	4%
农业科学	30%

工业技术	5%
各科教材及工具书	3%
其它	1%

4. 图书验收和登记

（1）验收　采购回来的每一本图书，首先要验收，即根据单据发票，仔细核对采购图书的册数、价格是否相符，检查图书是否有缺页、破损、倒装等现象，如有差错，应及时向书店反映，核对更换。经过核对没有差错时，验收人和采购人共同在单据上盖章签名，以备日后查账。购买回来的新书，是集体财产，每册书都必须加盖图书室的印章，表示这是图书室的藏书。盖章要有规则，不要乱盖。印章一般盖在书名页上，书内可在固定页码上再盖一个印章，通称为"内章"。盖章时，注意不要盖在书的封面及文字上，以保持图书的整洁美观。藏书章样：

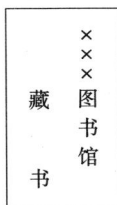

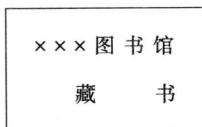

```
┌─────────────┐        ┌──────────────────┐
│   ×         │        │                  │
│   ×         │        │  ××× 图 书 馆     │
│ 藏 ×  图     │        │                  │
│    书       │        │  藏        书     │
│    馆       │        │                  │
│ 书          │        └──────────────────┘
└─────────────┘
```

长、扁形均可，小巧为宜。

（2）登记　图书进行登记是对图书进行科学管理的第一步，每个图书室都必须对购进的图书通过一定的形式加以登记。图书登记的目的和作用：

一是保证图书财产完整的重要依据。通过每一本书的登记和注销，可以使图书室的藏书有据可查，便于清点藏书，防止图书散失。

二是图书采集的重要依据。图书室藏有哪些书？哪些方面是薄弱环节？只要翻一下登记本就可基本知道。

三是可以提供精确的统计数字。图书室藏多少书，各类图书的比例,一定时间内购书经费的总数和购买各类图书经费的比例等方面的数字,都可以得到揭示。

四是便于移交。有些图书室的管理员不够稳定,往往换一个人就换一本账,换一种管理方法,造成图书管理上的混乱,甚至出现"漏洞"。有了连续登记,移交和接收就有了一本账,可以保证工作上的连续性。

登记是一项比较细致的工作,每个图书室都要根据具体情况建立和健全严格的登记制度和可行的登记方法,保证图书登记的正确和完整。

农村图书室的图书登记,一般是采取个别登记,即根据到室图书的先后顺序逐册登记,这种方法在清点图书或注销图书时比较方便。

图书登记的内容和格式是:

月	日	登录号	书名	著译者	出版社	出版年	定价	来源	备注

月、日是指收到这本书的日期。

登录号是指图书收到的次序。收到第一本书为"1",第二本书为"2"……顺序排下来,每一本书一个号,顺序连贯不可中断重复。

书名是指某一本书的标题。

著译者也即写书的人和翻译书的人。遇到两人以上合著译的书,先写前两个人的名字,后加一个"等"字。有著者和译者的书,两个人的名字都写上。

出版社也即写出版社的名称。出版社的名称可以简写,如"人民出版社"、"农业出版社",可写成"人民"、"农业"。

出版年也即图书的出版年月,注意不是印刷图书的年月。

定价是指每一本书的价格。

来源,该栏应注明书是购买、调拨还是交换来的。由于图书的主要来源是购买,因而"购买"可省略不注。

备注,该栏应对图书的丢失、损坏和赔偿、注销等情况作出记录。

连环画另立登记簿,从"1"起号,与图书登记相同,一册给一号,占一行,连续顺序,但著者与出版项目可以省略。

杂志收到后,应及时验收盖章,按期登记,登记后才能外借或览阅。杂志登记的格式是:

××××年

刊名	期刊月	1	2	3	4	5	6	7	8	9	10	11	12	备注
红旗	半月刊	\	\	\	\	\	\	\	\	\	\	\	\	
人民文学	月刊													

这种登记簿每年用一页,一种杂志用一行。刊期一般有月刊、半月刊、双月刊、季刊等。半月刊就在格子中划一条斜线,收到上半月出版的,就在斜线的一角画一符号,下半月出版的则在另一角画一符号。

杂志的另一种登记格式是把上表中的年份与刊名对调,这种登记簿每种杂志用一页,一年用一栏。采用哪种方法,各室可自行选定,并前后一致。

每半年或年终时,要把杂志装订成合订本。一般月刊一年分装两册。合订成册的杂志,贴上封面,在书脊上写上刊名、每月起讫数,然后登记上架出借。同时编制刊名目录,供读者查阅。

每月收到的报纸,也应及时加盖印章,登记后放阅览室供读者阅览。登记的格式是:

报名:　　　　出版处:　　　　份数:　　　　××年

月＼日	1	2	3	4	5	6	7	8	9	10	11	12	13	14	15	16	17	18	19	20	21	22	23	24	25	26	27	28	29	30	31
1																															
2																															
3																															
4																															
5																															
6																															
7																															
8																															
9																															
10																															
11																															
12																															
备注																															

表中的出版处,即出版发行报纸的地方。如"新华日报"的出版处为"南京";"新民晚报"为"上海";等等。

满月的报纸要装订成册,加一个封面,写上报纸名称、年月,然后登记收藏,作为资料供读者查阅。

图书、杂志、报纸的登记表,各图书室都可以自己动手,油印成页,装订成簿,以备后用。

二、图书分类

图书分类,就是按照事先选定的图书分类法,根据图书所反映的知识内容、形式体裁等,分门别类地系统地组织图书。这样,可以把相同的图书集中在一起,相近的图书联系在一起,不同图书区别开来,并且用排列的顺序揭示它们之间的内在联系和相互关系,使它们成为有条理的系统,以便读者按知识的逻辑系统来利用图书。但是,图书分类在不少乡、村图书室没有引起足够的重视。有的认为图书不分类也照常进行工作,图书分不分类无所谓;有的认为随便怎么分都可以,在分类问题上不必多做文章,等等。为此,我们必须认真研究农村图书室的实际情况,并提出比较可行的分类方法。

1. 当前农村图书室图书分类的现状 从我们对农村图书室图书分类的现状所作的调查来看,当前农村图书室采用的图书分类方法主要有如下几种:

(1)采用"统一书号"即"人大法"的十七大类分类。目前,使用"统一书号"分类的地方比较多,在有的地方还加以提倡和推广。这种分类方法的特点是比较方便,简单易行,拿到书只要看一下版权页或封底,就知道该书的分类号码,配上种次号就可以上架出借了,不必再去看书名、内容,可以节省人力和时间。这些特点,与农村图书室的实际是基本相适应的。但是,也有明显的缺点:第一,"书号"不一定能完全反映图书的学科内容。例如,《农家万宝大全》一书,内容包括政策法令;副业生产;文化知识;生活常识;医药卫生;学习科学破除迷信等六个方面,该书的"统一书号"是"16",即"农艺、畜牧、水产"。显然,该书入"农艺"类是欠妥的,入"17 综合参考"即综合性图书更合适一些。由于"书号分类"的差错,使同一性质的书不能集中。例如,《基层图书馆工作方法》(丁宏宣、葛家瑾编著,书目文献出版社出版)、《图书馆工作概要》(周文骏编著,天津人民出版社出版)、《图书馆学基础》(北大、武大两校图书馆学系合编,商务印书馆出版)。这三本书的"统一书号"分别为"7　文化教育"和"17　综合参考"。有的同种书的不同版次,分类也有不同。例如,《汉语拼音中国地名手册》(测绘出版社出版),1977年第一版入"综合参考",1979年第二版入"工业技术"。第二,不能适应图书室尤其是乡图书室藏书发展的需要。如果把几千册、上万册的图书仅仅分为十七个类,那就显得粗了些,特别是文学艺术类,一般图书室藏书比例都比较大,只有一个类等于没有分类,会给管理员的工作和读者的借阅带来不便。第三,有的图书资料没有"统一书号",如各地学术团体的出版物等等。可见"统一书号"不能成为农村图书室理想的分类法。当然,由于绝大多数图书上都有"统一书号",大多数"书号"能基本反映图书的学科性质,因此,"统一书号"对农村图书室的分类工作还是具有一定的参考价值的。

(2)用《中图法》(简本)分类。用《中图法》(简本)分类能较好体现图书的科学性和思想性,但对于农村图书室来说,《中图法》(简本)的类目实在太多,图书分得太细,操作过程太繁。因此,农村图书室使用《中图法》(简本)还需要对类表再作较大幅度的简化。

(3)用图书室自己制订的若干大类分类。不少农村图书室根据自己藏书的实际情况自行把图书分成三大类(社会科学、自然科学、文学艺术)、四大类(再加马列著作)、五大类和八大类(再在社会科学和自然科学中分出若干类来)等。这样做显然是各行其是,不成章法,但目前在一般藏书较少,特别是不足千册的图书室中还较流行。一般说,这种方法不宜提倡,因为它只有局部的使用价值,没有普遍的科学意义,不能适应图书室的发展需要。

2.影响农村图书室图书分类的因素　影响农村图书室图书分

类的因素很多,归纳起来大致有以下几点:

（1）规模小,藏书数量少。目前不少图书室的藏书只有几百册,多的数千册,少的几十册,逾万册的只是少数。当然,农村图书室的藏书数量会不断增加,但受经济等因素限制不会增长太快。从发展趋势看,乡图书室的潜力比较大,因为乡规模大,人口多,集体经济力量强。将来作为县图书馆的分馆,经费由国家拨给,藏书就会更多些。但在近十年内,全国多数乡图书室的藏书不会超过二万册,现在一年能递增二千册图书的乡图书室并不多,即使一年能递增二千册,考虑到别的因素,十年内要达到二万册也有一定困难。所以农村图书室藏书量始终是有相对有限的,即使发展到二万册左右,也还具有规模小、藏书少这个基本特点,图书分类不能不考虑这个因素。

（2）读者多,图书流通快。读者多,是相对图书室的藏书量而言的。在县级图书馆,每个持证读者至少有 10 册以上的藏书作为保障。县级以上的图书馆,读者的藏书保障率还要高得多。在农村图书室,每个读者的藏书保障率一般不足 10 册,有的甚至只有二、三册。就图书流通而言,县级图书馆平均每册藏书每年流通率在 1 左右;县级以上图书馆,图书流通率可能更低一些。而农村图书室的图书流通率一般要超过 5,超过 10,甚至在 15 以上。因此,图书室尽管藏书不多,但接待的读者人次却不少,工作量较大。这就要求图书管理从简,图书分类不必过繁。

（3）大多数农村图书室采用半开架或开架借阅。对于半开架的图书,一般只能按大类排放,勿需按排架号严格排列,分类过细,反而自找麻烦。

（4）图书管理员业务水平低。尽管一般管理员都有一定的文化基础,但缺乏图书馆业务知识。由于县图书馆本身的人力、物力和业务能力等条件的限制,不可能对各图书室管理员逐一系统培训。即使举办业务培训班,有的管理员因事务多,工作忙而难以参加。而且,有的图书室的管理员不稳定,经常易人,有的刚参加培训回去不久,就调动了工作。因此,难以适应复杂的分类要求。

(5)人手紧,兼职多。农村图书室一般只有一人,少数有二人或二人以上。有的名义上是专职,但还要兼管其它工作,或经常被"拉差"。图书分类就不可能要求过细。

上述种种因素都要求农村图书室图书分类必须从简。

3.《中图法》(简本)介绍　农村图书室的分类问题,不仅要从目前的实际情况出发,而且也要着眼于未来。将来如果乡图书室隶属于公共图书馆系统,成为基层图书室图书流通的中心,藏书是要逐年发展的。再则,《中图法》已经列为图书分类的国家标准,使用《中图法》(简本),按国家规定的标准分类法统一分类,有利于农村图书室图书分类的规范化。因而,农村图书室应依《中图法》(简本)的分类体系进行图书归类为宜。

现将《中图法》(简本)介绍如下:

《中图法》(简本)全称为《中国图书馆图书分类法》(简本),是根据《中国图书馆图书分类法》1980年修订版节编而成的。这部简本主要是供中小型图书馆类分图书使用的。无疑,也同样适用于农村图书室的使用。

《中图法》(简本)的分类体系为五大部类,在部类下再展开为二十二个大类。即:

马克思主义、列宁主义、毛泽东思想
　　……A　马克思主义、列宁主义、毛泽东思想
哲学………B　哲学

	C	社会科学总论
	D	政治、法律
	E	军事
	F	经济
社会科学……	G	文化、科学、教育、体育
	H	语言、文字
	I	文学
	J	艺术
	K	历史、地理
	N	自然科学总论
	O	数理科学和化学
	P	天文、地球科学
	Q	生物科学
自然科学……	R	医药、卫生
	S	农业科学
	T	工业技术
	U	交通运输
	V	航空、航天
	X	环境科学
综合性图书……Z		综合性图书

在二十二个大类下,又区分为若干小类,层层隶属,逐级细分。在各大类下,一般伸展到三、四级类目。

分类表中类目左边的字母和数字叫做分类号码,它是分类表中类目的代号,所以又叫类号。《中图法》(简本)类目的代号是采用汉语拼音字母与阿拉伯数字相结合的混合制号码,用一个字母表示一个大类,并以字母的顺序反映大类的顺序。在字母后用数字表示大类下类目的划分。但在"T 工业技术"大类下,采用了双字母表示了它的二级类。

数字的编号方法,先顺字母的第一位数字,然后顺第二位,以下类推。当数字超过三位时,在三位数字后加上一个小圆点

"·",这个小圆点叫做分隔符号,使用它主要是为了醒目和易读、易记。

有些类目下还编列了注释,主要用来指示类目的内容和范围,帮助分类人员明确类目的含义、类目之间的相互关系、该类目的分类规则与细分方法等。分类人员进行图书分类时,一般应按注释的规定办事。

由上可知,《中图法》(简本)类表的结构就是由类目、类号和注释三部分构成的,其表现形式如下:

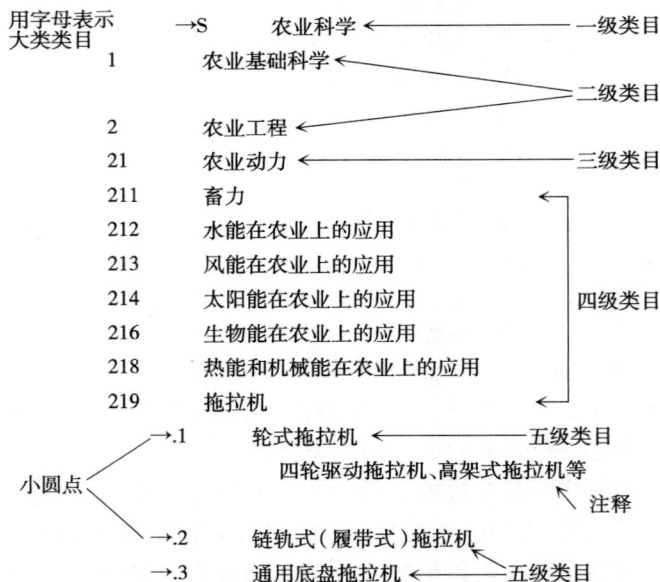

若是我们类分一本《履带式拖拉机的结构》的图书,其分类号码为:"S219.3",也即用"S"字母代表基本大类"农业科学",用"S219.3"代表"农业科学"类下类目的划分,其隶属关系可以分解为:农业科学(S)→农业工程(S2)→农业动力(S21)→拖拉机(S219)→链轨式(履带式)拖拉机(S219.3)。

72

4.农村图书室使用《中图法》(简本)的初步设想 从农村图书室藏书量少的基本特点出发,农村图书室使用《中图法》(简本)必须进一步简化层次,具体做法初步设想如下:

(1)类目的详简不搞一刀切。《中图法》(简本)的类目一般列到三、四级类,在供农村图书室使用的简表中,有的学科只使用一级类就基本可以了。如"V 航空、航天"、"X 环境科学"等;有的学科的部分类目可使用到三级类,如"D 政治、法律"中的"中国政治"部分,"G 文化、科学、教育、体育"中的"各级教育","J 艺术"中的"音乐"等;个别学科的部分类可使用到四级类目甚至五级类目,如"I247.5"、"I247.7"等。因为这部分图书在农村图书室的藏书中数量较多,所占比例一般在百分之五、六十以上。其它各学科一般使用到二级类就基本上差不多了。

每大类的"0"即一般性理论部分,可并入上位类。如"文学理论",入"I"。在农村图书室,各学科的一般性理论著作数量较少,用上述方法处理,大体可以适应。"C 社会科学总论"和"N 自然科学总论",这两大类图书在农村图书室占有一定比例,尤其是普及读物,各室均有一定数量,类目应当用上。

(2)关于复分表的使用,应尽量简化。"国际时代表"可省略,只用"中国时代表",但只列一位数 1/7。"总论复分表"、"中国民族排列表"可以取消。"B2 中国哲学"、"K2 中国历史"等下面不列具体类目,必要时用"中国时代表"复分。如《后汉书》为"K23",《元史》为"K24"。至于地区表的设置,"中国地区表"只列到地区就可以了,如《钟山》为"I218.5"、《长江》为"I218.6"。"世界地区表"也只列到大洲,不详列国家。"世界地区表"主要用于"各国政治"、"各国军事"、"各国历史"、"各国文学"等的分类。

(3)各室可根据具体情况,在节省简表的基础上对有关类目自行增删。例如,林区图书室可以对"S7 林业"适当细分,牧区图书室可对"S8 畜牧、兽医、狩猎"适当细分,等等。但是,类目的详简程度及其使用必须保持前后一致，不得轻易改动，以免图书分类混乱。

5. 图书分类的步骤　图书内容的学科性质是图书分类的主要标准。所以，正确理解图书内容，是图书分类正确性的关键。图书分类的正确，对于揭示藏书，充分发挥图书的作用，非常重要。为了正确理解图书内容，必须注意以下步骤：

一是分析书名。一般说，书名可以代表书的性质，像自然科学方面的书名，多半能正确地表示一书的内容。如《物理学》、《化学》等，一看书名就知道书的内容。但有些书籍不能单凭书名来决定它的分类，因为有些书籍，特别是文学作品，如果只看书名不理解书的内容，往往就会弄错。

二是翻阅书籍的目次、内容提要和前言、后记、直至正文。目次是书的纲领，从中可以看出书的题材和范围，有助于分类工作。一般图书都有内容提要、前言或后记，内容提要能简要地揭示书的主题和大意，而前言或后记则是著者简要地说明写作的意图、内容、范围和写作经过等。这些都为图书的正确分类提供了有利条件。如果经过上述步骤还不能决定图书的类目时，则有必要简略地翻阅一下正文，进一步了解书的主题内容。

三是参考"统一书号"。"统一书号"对图书的分类是有辅导作用的。"统一书号"由图书分类号、出版社代号和种次号三部分组成。书号中有一个小圆点，小圆点后的数字是出版社出版该类书的种次号，小圆点前的三位数字是出版社的代号，开头的一位或两位数字就是图书的分类号。例如，《邓小平文选》的统一书号是"3001.1908"，其中"3"是这本书的分类号；"001"是出版社（人民出版社）的代号；圆点后面的"1908"是人民出版社出版此类图书的种次号。"统一书号"一般印在图书封底或版权页上，参看"统一书号"，可大致确定图书的归类。例如，《邓小平文选》的分类号是"3"，在书号中"3"是"社会科学、政治"，那么，该书应入"D 政治”类。

参看“统一书号”分类时，一般只取书号的前一位或二位数，后面的数字可舍弃不用。

四是查阅《中图法》（简本）。由于用于农村图书室图书分类的分类表类目比较少，使图书分类大为简便，但有的图书却难以“对号入座”，就必须查阅《中图法》（简本），甚至《中图法》，以确定类目。例如“沼气在农业上的使用”，应入“S21 农业动力”，“民间谚语”入“I27 民间文学”，而“农业天气谚语”则入“S16 农业气象学”。这些图书的分类，《中图法》上都作了详细的注明，查一下便于归类。

五是在经过上述步骤还不能决定类目时，则可查阅有关工具书，或把书名和内容提要记下来，利用外出机会与“同行”商讨，或写信请教“先生”。

图书归类时，应先确定大类，再在这个大类下找出适合的下一级类，确定分类号。例如，《怎样养猪》一书，我们首先肯定它属于“S 农业科学”，在“农业科学”中，它又属于“畜牧”类，在“畜牧”类中，猪又属于“家畜”类。所以，《怎样养猪》的分类号是“S82”。其中“S”代表“农业科学”，“8”代表“畜牧”，“2”代表“家畜”。

6. 怎样进行图书分类

（1）多主题图书的归类。图书分类时，往往会碰到两个主题或两个以上主题的图书，对于这些图书，归入其上位类，或按图书篇幅多的部分归类。采用前一种方法或后一种方法，各室可自行选定，但必须始终一致，不要轻易改变。一书论及四个或更多的主题时，一般归入包括这些主题的上位类。如《科学与生活》一书，论及物理、化学、生物学等，就归入“N 自然科学总论”。

（2）文学图书的归类。文学图书在农村图书室的藏书中品种多，数量大，流通率高。因此，必须搞好文学图书的分类。

文学理论方面的图书属科学图书，依图书的内容分类。

文学作品按国别——体裁——时代顺序归类。

　　外国文学的归类，凡两国以上跨洲的作品集，入"世界文学"，一国的或两国以上在同一洲的文学均入"各国文学"。如日本的入"I3"，英国的、法国的入"I5"。

　　凡一个国家的个人或编辑出版单位搜集、整理或汇编另一国的文学作品，不按编者的国别归类，应按原著者的国别归入某一国文学作品。如中国郑振铎编的《希腊神话与英雄传说》一书，应入希腊文学。

　　作品时代的划分，是指作品的写作、出版年代或作者的生卒时代。例如，《三国演义》一书，为明代罗贯中所作，该书应入"I242 古代作品"。而《后汉演义》一书，虽然书中叙事在时间上与《三国演义》基本属同一时代，但该书的作者蔡东藩为近代人（1877—1946年），出版于1926年9月，故《后汉演义》应入，"I246 五四以后作品"。假如现在有一个作家以三国、两汉的历史题材写了一部文学作品，则应入"建国后作品"。

　　还有的文学作品，不是按时代划分，而是按使用对象分类。例如，《汉末反宦官的故事》（历史小故事丛书），该书语言通俗，文字简练，适合中小学生或初等文化程度的读者阅读，故该书应入"I28 儿童文学"。

　　报告文学和散文的区分：报告文学的特点是一般取材于现实生活中具有典型意义的真人真事，通常包括通讯、特写、速写、报告、回忆录、英雄模范事迹的报告等。散文是对某些片段生活事件的描述，其特点是篇幅不长，形式自由，可以叙事、发表议论、抒情，包括抒情文、杂文、小品文、随笔等。

　　文学类里的电影戏剧类，只收剧本及其研究，关于表演艺术、导演、摄影、技巧等入艺术类。例如，歌剧《洪湖赤卫队》剧本入文学，歌剧选曲入艺术。

　　传记和传记文学的区别是：真人真事的叙述、记载，属于历史；

对人物心理活动加以描写,有一定的想象或虚构,属于文学。例如,马烽著的《刘胡兰》应入中国现代长篇小说。陈余光编写的《刘胡兰》应入中国历史人物传记"K81"。

（3）农业图书的归类。农业科学包括农、林、牧、副、渔及兽医。本类图书与"经济"、"数理科学和化学"、"生物科学"、"工业技术"等类都有密切的联系,分类应予注意。

各种农作物的遗传、杂交等生物方面的图书均入"S农业",不入"Q生物科学",但是,鱼类的生物学不入农业中的"水产、渔业",而应入生物科学。

测量学方面的著作,一般入"P2测绘学"的有关类目,但是侧重从农业数学角度论述的著作入农业。如《农村测量图算手册》一书入"S11农业数学"。

"S219拖拉机",包括拖拉机的制造和使用。兼论汽车和拖拉机的著作《中图法》入"U46汽车工程",农村图书室可以将此兼论改列于"S219拖拉机"类目下。

凡属农田的灌溉制度与管理、技术装备、农田基本建设、农垦和总论排灌工程等著作入"S27农田水利"。论述水利工程建筑的有关著作入"TV水利工程"。如《农村实用测量》入"S27农田水利",而《水中填土筑坝》则应入"TV6水利枢纽、水中建筑物"类目。

农产品的生产情况及调查一类的著作,如《怎样搞农作物产量调查》应入"F3农业经济"。至于"S37农产品收获加工及贮藏"与"S38农产品综合利用"要与"TS食品工业"类区别。如《把社队粮食保管好》入"S379贮藏";而《国外果蔬贮藏保鲜技术》应入"TS2食品工业"中的"TS255水果蔬菜加工制品"的类目。

农药防治,如《农用药剂》一书,应入"S48农药防治",而农药制造,如《农药分析》一书应入"TQ化学工业"中的"TQ45农药工业"的有关类目。化肥的分析与使用入农业类,如《中低品磷矿的加工与使用》入农业类的"S143化学肥料"类,而化肥的制造,则应入"TQ 化学工业"类,如《尿素的生产工艺》应入"TQ 化学工业"中的"TQ441 氮肥工业"。

"S-1 农业技术现状"、"S-3 农业研究"与"F3 农业经济"有交叉,分类时应予注意。着重从农业角度论述的入农业,着重从经济角度论述的则入农业经济。例如,《科学实验出硕果》是一本科学种田创高产的典型经验汇编,从组织领导方面论述,应入"F3 农业经济"。而《群众性农业科学实验活动选辑》一书是侧重从农业生产技术角度论述问题的选编,则应入"S-3 农业研究"。

（4）多卷书的归类。图书的出版形式是多种多样的,经常遇到的有:丛书、多卷集、汇编等。丛书的分类,可以采取两种方法,凡属于一个基本大类或跨大类的丛书,如青年自学丛书等,可以根据每种书的内容分别分入有关各类。凡属于某一个下级类丛书,如《半导体丛书》、《植物保护丛书》,可以集中分在同一类中。多卷书不论一次出全或分期出版,均得分入同一类目中。多卷集的分册或一书的续编,除分类号相同外,还需要在书次号下另加区分符号。汇编的书,有的内容属同一类,有的包括许多类,前者分入所属专类,后者应分入比较概括的类目中。

（5）不同版本书的处理。在分类工作中,要注意复本书和重版书。新书买来后,首先要检查是否是复本或重版书,如果是的话,只要抄下原来的索书号,另在卡片上加登录号就行。如果同一书的不同版本,即修订本或增订本,因为版本不同,书的内容、文字有修改或增补,就要另行编制目录卡片,但分类号、书次号均应与原书相同,另加版本号,第二版的加上"1=2",第三版的加上"1=3",以此类推。凡一书出版后又重印的,称为不同刷次,可作复本处理,不另加区分符号。

一本书的归类,必须前后一致,决不能把同一种书归入几个不同的类目。

（6）连环画的分类。连环画在农村深受广大农民的欢迎。拥有最广泛的读者,也是农村图书室藏书的主要内容之一,品种多,数量较大,通常采取闭架租借的办法。将连环画编顺序号标在封皮上,再张贴于墙上让读者选择。连环画书依顺序号排列于橱内,由读者叫号,管理员依号取书。但随着连环画册数的增加,借阅室墙上张贴数以千计的画面目录,越来越显得繁杂缭乱,这就需要加以分类管理,才能做到方便读者借阅,提高流通率。

连环画的分类可采用如下类目简表:

1. 中外名人故事

2. 革命斗争故事(革命烈士故事、革命战斗故事等)

3. 反特、侦破故事

4. 少年儿童故事

5. 中国历史故事(清以前各朝代的古典故事等)

6. 民间故事(童话、神话、寓言、笑话等)

7. 电影、电视、戏剧(包括改编本)

8. 科学幻想故事

9. 科普知识、生活常识

10. 外国故事

11. 其它(上述各类之外或难以归类的)

连环画归类后再按类编书次号,组成索书号。各大类的书次号,可以从"1"起号,依次顺序下去,分类号和书次号之间加一短横"一",随着各类连环画数量的递增,其号连续不断。

7. 同类书的排列　图书经过分类,同类书就聚集在一起了。但同一类书有许多种,它们的分类号都是相同的,如果不加以区别,同类书在书架上就没有一个明确的次序,找书归架就会很困难。所以,必须解决好同类书的排列问题。

同类书的排列,是用书次号来确定次序的。分类号与书次号结合在一起,构成一个完整的书号,叫做"索书号"。索书号还可用来对藏书进行排架,因而又有人称它为"排架号"。用于构成索书号中书次号的方法是很多的,为了使用上的方便,农村图书室以采用种次号为宜。所谓种次号,就是在同一类图书中以每种书为单位,依该类图书的分编先后次序依次给 1、2、3……数字序号。例如,现在有《叶秋红》、《刑警队长》、《将军岭》等几种现代长篇小说,它们的分类号都是"I247.5",就要分别给它们种次号"1、2、3……",以示区分。即:

《叶秋红》号码是 $\dfrac{I247.5}{1}$ 或写成 I247.5/1

《刑警队长》号码是 $\dfrac{I247.5}{2}$ 或写成 I247.5/2

《将军岭》号码是 $\dfrac{I247.5}{3}$ 写 I247.5/3

《李自成》号码是 $\dfrac{I247.5}{4}$ 或写成 I247.5/4

把"索书号"或"排架号"写在"书标签"上,贴在书背下端,离书根约二厘米的地方。薄本书,可将书标签贴在封底右上角。

书标签有两种,一种是方的,一种是长的,两种通用,决定使用哪一种,必须统一。

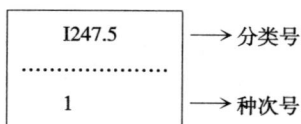

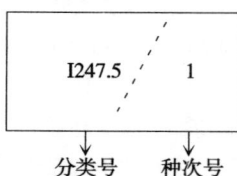

一种书无论先后几次到室,以及不同版本或一书的分卷、分册等,均以第一次到室的种次号为其号码,这样便于把同一种书排在一起。例如,《李自成》第二卷、第三卷,其分类号的种次号仍是第一卷的号码。

为了将一种书的不同版本以及分卷、分册区别开来,那就必须附加区分号。附加区分号的编制方法是:以:1、:2、:3 为分卷、分册的区分号。如:

80

$$\frac{I247.5}{3\quad 1}$$ 《将军岭》上册

$$\frac{I247.5}{3\quad 2}$$ 《将军岭》下册

如果分卷下再分册,则在:1、:2、:3 的基础上再用小括号( )标志分册。如:

$$\frac{I247.5}{4:2(1)}$$ 《李自成》第二卷上册

$$\frac{1247.5}{4:2(2)}$$ 《李自成》第三卷中册

以上书的排列,先按种次号序号排,在种次号相同时,按分卷号排,分卷号又相同时,再按小括号( )内的区分号的序列排。

在种次号下面用＝2、＝3……作不同版本的区分号。如:

$$\frac{R5}{1=2}$$ 《实用内科学》第二版

$$\frac{R5}{=3}$$ 《实用内科学》第三版

在排列上,先排第一版,而后排第二、第三版。

不同译本和注释本,如《母亲》(高尔基)的第二种译本、《聊斋志异》的各种注释本,这些书作不同种处理,应另给种次号。

三、图书编目

图书经过分类后,就要编制目录。图书室目录是反映藏书,向读者系统揭示藏书内容,宣传优秀图书,指导读者阅读,开展图书室各项业务工作必不可少的工具。因此,每个图书室都要根据本室的具体情况,建立必要的与工作开展相适应的目录。

目前,不少农村图书室对图书编目工作不够重视。在图书室的各项业务工作中,图书编目是个比较薄弱的环节。在藏书较少的村图书室,不建立图书目录,还不成其为问题,但在藏书较多并发展较快的乡图书室,要把藏书内容揭示出来,及时地让读者了解和利用,并全面地开展图书活动,就必须建立图书目录。

1. 目录的种类和著录方法

（1）张贴式目录。就是按图书分类将图书著录的有关事项逐一抄下来,公布在借书处、阅览室,以供读者借阅图书之用。张贴式目录比较醒目,编制也比较方便,新书进室后,可以随时编制,随时公布。

（2）书本式目录。就是像图书登记那样著录图书。每个大类用一本著录簿,每个类目用一页,页纸按分类号码顺序排列。也可用活页纸著录,然后按序装入活页夹。这种目录著录比较方便,图书管理员容易掌握,所以不少农村图书室采用。

（3）卡片式目录。就是将每一种图书的主要内容、特征,按照一定的格式,分别著录在卡片上,再按一定的规格把卡片排列起来,并用指导卡把它们区分为若干组,便于读者查阅。这种目录的特点是有灵活性的,新到图书的卡片,可以随时加进去,剔除图书的卡片也可以随时抽出,不断更新。这种目录的缺点是费时费力,在人手少的情况下难以试行。因此,目前农村图书室编制和使用卡片式目录的并不多,有的图书室搞了一阵,因太烦又中断了,有的编制了也不使用,有的根本无意或无力去编制。可以说,目前和今后若干年内农村图书室对编制和使用卡片式目录不甚迫切,而且困难甚大。但从发展眼光来看,将来乡图书室藏书发展会越来越多,编制卡片式目录仍然是必需的。

2. 农村图书室目录的编制

（1）文学图书不编制目录。目前,农村读者借阅的图书主要是文学类,加上绝大多数农村图书室对文学类图书收租金,因此,文学类图书在农村图书室不仅收藏量大,而且流通率高。为了适应这一特点,一般农村图书室的文学类图书都采取开架或半开架借阅,让读者直接到书架上查阅,没有使用目录的必要。在少数藏书较多的图书室,比如藏书逾万册的图书室,即使文学类图书编了目录,读者也没有查阅目录的习惯,加之在农村图书室,文学图书本身的保存价值不大,过了一段时间,这部分图书一般都要进行处理。因此,我们认为农村图书室的文学类图书可以只作图书登记,而不必再编制图书目录。为使其便于清点、注销,可为文学类图书另设登记簿,单独登记,登录号也可另行编序,以免和其它类图书造成混乱。

（2）藏书不满千册的图书室采用张贴式目录为宜。藏书不满千册的图书室,一般为村、组二级图书室,因此这些图书室藏书较少,读者比较稳定、集中,一般读者对图书室的藏书"如数家珍",了如指掌,加上管理员多为业余、兼职,管理图书的时间、精力有限,这些图书室的经费也有限,藏书不可能无限止增加。因此,这些图书室一般采用张贴式的图书目录就可以了。

张贴式目录可着重反映两个方面的图书:一是入室新书,当新书入室后,及时编制目录,张贴出去,让读者知道,以便及时吸引读者来室借阅;二是根据农时季节、重大节日、党的中心工作等,及时把本室有关的藏书编制成目录,推荐给读者。

（3）一般乡图书室用书本式目录。目前,多数乡图书室的藏书不满千册或在二、三千册上下,只有极少数的乡室逾万册（其中还包括期刊、连环画等）。但是,考虑到藏书的增加,管理员的更换,及其藏书有效的揭示等因素,一般应编制相适应的图书目录,但目录的编制不可太繁,不然管理员难以胜任,或难以顾及。因此,在目前和今后若干年内,一般乡图书室可采用书本式目录。书本式目录的格式和著录事项是:

登录号	种次号	书名	著译者	出版地	出版者	出版期	页数	卷数	册数	价格	备注

　　编制书本式目录需要说明的是：第一，著录事项中的"登录号、种次号、出版时间、页数、册数、价格"等，一律用阿拉伯数字著录。第二，复本书、不同刷次的书不重新著录，不另给种次号，但在登录号中要得到反映。不同版本、不同译本、不同卷、册的书，由于内容有增减，文字有变动，价格页数有变化，作新书另行著录。第三，丛书、汇编书单独处理，丛书名可在备注栏内反映。第四，著录顺序自上而下，著完第一栏著第二栏，以此类推。一种书著一栏，种次号自上而下序编，一种书一个号，不能重复。第五，一个类号占一页著录纸，一页著录完后接下页。

84

（4）万册以上的发展前途较大、速度较快的乡图书室可采用卡片式目录。卡片式目录的有关著录事项和规则应以国家所制定的《普通图书著录规则》（1984年3月报批稿）为依据，但著录项目必须简化，其卡片简化著录的格式如下：

```
    题名/责任者. 一出版发行地：出版发行者，出版年、月
    页数或卷册数

    价钱

    提要

                        ○
```

说明：

①应从卡片上端往下1.5厘米和从左端向右2.5厘米交界处开始著录。

②卡片中"/"为题名与责任者项标识符号；". 一"为出版发行地标识符号；"："为出版发行者标识符号；"，"为出版年月标识符号，年月之间加下圆点"."表示间隔。

③题名与责任者项之后依次著录出版发行地、出版发行者与出版年月。页数或卷册数、价钱与提要均另起一行著录，并与题名第一字标齐。

④一行写不下必须移行时，移行的字或符号均应突出题名第一个字（进一格），请参见下列卡片著录格式；

例片一：

种茶/中国农业科学院茶叶研究所编. —杭州：浙江科学技术出版社,1984.9

199 页

0.59 元

本书介绍了茶树的特征和特性、茶叶的生长条件、茶树选种和繁育、茶树种植、病虫害防治等内容。

○

例片二：

作物栽培/吴永祥等. —北京：农业出版社,1984.7

122 页

0.52 元

本书讲述了我国水稻生产、水稻的形态与构造、水稻的生长、水稻栽培技术等基础理论。

○

例片三：

养蜂/福建农学院编. —北京：农业出版社,1984.9

238 页

0.82 元

本书为全国统编农民职业技术教育教材,全书共分十一章,包括蜜蜂的品种及其选择、养蜂用工具、人工育王及王浆等内容。

○

（5）过期（年）期刊和过月报纸可作图书登记处理。上架可按字顺或地区排列。

3. 目录组织　目录组织是图书编目工作的第二步,把分散的著录好的活页纸或卡片用科学的方法组织、序编起来,使其成为一个有机的整体,发挥宣传推荐图书和辅导阅读的作用,这就是目录组织。

（1）书本式目录的组织。由于书本式目录用分类号编排比较方便,因此,农村图书室的图书目录可用图书分类体系进行组织。按图书分类体系组织的目录叫做分类目录。分类目录的结构必须反映分类表的结构,一个类号代表一类性质的图书,以分类号的序列为书本式目录组织的依据。

①大类序列不能混乱。A 马克思主义、列宁主义、毛泽东思想;B 哲学;C 社会科学总论……按序分排。

②同一大类中按二级类的先后顺序排列。例如,S1 农业基础科学;S2 农业工程、农田水利;S3 农学（农艺学）……。二级类相同,再按三级类序列,余类推。例如,S31、S32、S33……。

②同类号的书,再按种次号顺序排列。由于书本式目录在著录时种次号已成自然序列,因此,按种次号顺序排列比较方便,只要按著录纸页的页码顺序排列即可。

活页纸按序列排好后,用活页夹装订成册,即成分类目录簿,可供读者和图书管理员随时翻检。在每类著录纸后,可适当空几张纸页,以备图书增加,及时著录。每大类之间可用胶布做的书签分开,胶布上写上 A、B、C、D 等大类标号,以示类别区分,以便翻检。注销的图书,要在备注栏里及时注明,使目录和藏书相符。

（2）卡片式目录的组织。采用卡片式目录的农村图书室一般只组织一套分类目录,其办法是将卡片按分类体系排列起来,分类号相同的再按书次号排列。具体地说,应先按《中图法》（简本）类号的汉语拼音字母排列,再按阿拉伯数字顺序(先排第一位数字,第一位数字相同的再排第二位数字,余类推)。同类图书再按所给的书次号进行排列,小号在前,大号在后。如 S83/1;S83/2;S83/3;S83/4 等等。

四、图书排架和保管

1. 图书排架 图书经过验收、登记、盖章、编号、分类、编目、贴书标等工序后,就可以排列上架。上架的每一册图书,在书架上都要有一个恰当的位置,便于取书、归架和清点。图书排列按图书分类号序排,同类图书再按种次号顺序排列。图书在书架上排列的顺序应和图书目录排列的顺序相一致。图书排架以每个书架为单位,由上而下,从左至右按顺序排列。书架每格不要排满,留出一点空位,以备藏书增加。每格图书放书档一个,以防止书籍倒斜。半开架的图书,图书上架要按类排放,如"小说"类图书,必须集中在一起,不能插入其它类图书中去,更不能见空就插,随便排放,造成棍乱。在"小说"类图书中,"古代作品"、"现代作品"、"外国作品"等又要加以区分,以便读者按类找书。修补过的图书,书背上要写上书名、册(卷)数并贴上书标后才能上架。每个书架上,要标出图书类目指引牌,每个类之前,要设一块与 32 开本图书大小相同略厚的木制指引板,指引板上写上类号,便于上架和取书。

农村图书室由于书库面积小,藏书少,一般只设一个综合书库,库内可再划分为图书、连环画、期刊、报纸等专架进行排列。连环画亦可设专柜保管。

2. 图书保管 图书室的藏书,要妥善地保护管理,以延长书刊使用寿命,更好地发挥其作用。农村图书室可以从以下几个方面做好藏书保护工作:

(1)搞好书库的清洁卫生,书库要经常打扫通风,防止图书受潮发霉、虫蛀,图书不能日光曝晒,以免纸张变黄发脆,电路要经常检查,库内严禁吸烟,以防火灾。

（2）经常清点藏书。清点藏书就像书店的"盘点"一样,可以了解掌握"家底",查出问题,还可以进一步熟悉图书。对查出缺少的图书,要查明原因,追究责任。一般说,村、组图书室三个月左右就要清点一次,乡、镇图书室一年清点一次到二次。

（3）做好剔旧注销工作。藏书也需要新陈代谢,对于缺章少页、内容陈旧不能继续流通的图书,不能任其压架,应及时剔除,或暂时下架打捆,放在一边。对于内容不健康,特别是对读者思想有污染的图书,应及时清除。以上图书以及读者遗失的图书,都必须进行注销。注销图书要抄出清单,交领导审批后,在目录上注销和在图书登记簿的"备注"栏里注明。

第十章　读者工作

农村图书室的业务工作,按其性质可分为两个部分:一是图书管理工作,包括图书采集、整理、组织、保管等几个环节;一是读者工作,包括图书的流通阅览、图书宣传和图书的阅读辅导等几个环节。图书管理工作是为开展读者服务工作做准备的前提工作,也可以说是间接为读者服务的工作。读者工作,则是直接为读者服务的工作。它是农村图书室业务工作的第一线。它要把图书室中收藏的图书资料推荐给读者,使它们充分地发挥作用。同时,还要为各种读者准确地、及时地提供书刊资料,满足读者多种多样的阅读需要。此外,图书室还要以书刊资料为武器,开展多种形式的图书宣传活动,以加强同读者的联系,扩大图书室的影响,吸收更多的读者利用图书室。

一、农村图书室读者工作的特点

农村图书室地处农村,其读者工作有着自己的特点,首先在服务对象上,农民多、青少年读者多;在读者文化程度上,初、中等文化水平的多;在利用图书室的时间上,主要是业余时间、农闲季节、阴雨风雪天及学校午休、放学时读者多;在借阅图书资料的内容上,主要是文艺小说及农技知识等。其次,就农村图书室本身的条件来看,一般说为读者服务的设施比较简陋,多数图书室只有一个综合书库、一个综合阅览室,借书处、书库与阅览室合一,具有借、阅统一管理等特点。再次,在藏书的利用上,全部藏书均可向读者开放;在供需关系上,一般求过于供,图书资料很难满足读者的需要。

农村图书室在开展读者工作时,都应考虑上述特点,一切从实际出发,根据农村的特点和农民的需要,搞好读者工作,使其达到较好的服务效果。

二、农村读者阅读倾向的分析

农村读者对图书资料的需要尽管千差万别,并经常变化,但在一定时间内是有其主要阅读倾向的。分析和掌握农村读者的阅读倾向,尤其是农村读者在一定时期内的主要阅读倾向,是做好读者服务工作的一项极为重要的基础工作。所谓阅读倾向,就是多数人在一定时期内借阅图书的意向。从农村读者借阅图书的情况分析,近年来,农村读者的阅读倾向主要反映在以下几个方面:

1. **青年读物颇受欢迎**　反映青年人特点,适合青年人趣味的图书、报刊、杂志往往供不应求。如有关青年自学成才和有关青年人的道德、修养、婚姻、恋爱、家庭等方面的图书,深受广大青年的欢迎,成为农村图书室的主要读物之一。读者普遍欢迎青年读物的倾向,主要原因是读者中青年人居多。据有的图书室统计,青年读者为读者总数的百分之八十以上。青年人希望利用图书来探求真理,获取知识,寻找答案,解决问题。应该说,这是青年人健康发展的标志。特别是不少青年杂志开辟了刊授、自修大学等专栏,引导并辅导青年自学成才,这对培养社会主义一代新人是一项有效措施。农村图书室应千方百计,满足广大青年对这些读物的要求。

2. **农业科普读物流通量越来越大**　能够反映本地区农业生产特点的科普读物,如作物栽培、植保、土肥、畜牧、家禽、水产等知识

91

的图书资料,越来越被广大农民所重视和利用。但是,农民需要的农业科普读物,往往不是系统的基础知识,而是比较实用,与自己从事的生产对得上号的、通俗易懂的读物。有的甚至是在生产中碰到疑难问题时,找本书来把其中对得上号的某些章节翻阅一下。在农村现有的条件下,要求每个农民都认真地、系统地学习农业科学技术知识是不现实的。但是,由于每个农民都对其承包的土地负有直接的责任和具有直接的经济联系;由于党的政策允许并鼓励农民发展商品生产。因此,广大农民都在或多或少地、直接或间接地学习农业科学知识,学习商品生产知识,这就使农业科普读物流通量大大增加。有个乡图书室,根据本地区水稻病虫害较多的情况,摘编了一本有关水稻病虫害防治常识的油印小册子,刚一拿出来,就被读者一抢而空。

3. 文学作品的流通量最大　大量借阅文学作品,是农民文化生活的重要形式之一。农民利用业余时间尤其是农闲季节借阅文艺作品,以丰富自己的文化生活,这对广大农民群众情操的陶冶、文化水平的提高、精力的恢复等是有促进作用的。据一些图书室统计,文学作品的流通量占图书总流通量的百分之七、八十以上。在流通的文学作品中,又有几种不同的情况:

(1)外国文学作品受到"冷遇"。由于读者的文化水平等因素的影响,不少读者感到中国文学作品文字通俗流畅,情节合乎"情理",而外国文学作品读起来很吃力,看了半天还弄不清头绪,有的读完全书,书中主要人物的名字还记不住。

(2)惊险小说比较"热门"。借阅文学作品的读者,大多是把看书当作消遣,而惊险小说情节曲折,引人入胜,对人有刺激,故读者竞相借阅。但是,有些作品中的情节荒诞离奇,有的宣扬凶杀斗殴,有的详细描述各种作案过程、手段,这些对读者不但没有益处,甚至成了某些犯罪分子的借鉴。

（3）武侠小说的读者甚多。由于这种书被禁锢多年，一旦重新出版，读者尤感新鲜，另外，这些书中的名人义士，扶危济贫，杀奸除暴，在一定程度上反映了农民的愿望。但这些书中夹杂着大量的封建迷信、江湖义气、宿命论、封建伦理道德等等，这些糟粕与社会主义思想、道德格格不入。

（4）反映现实生活的文学作品比较"畅销"。打倒"四人帮"，尤其是党的十一届三中全会以后，涌现了一批揭露十年浩劫给人们带来的种种灾难，描述了社会生活的各个侧面，引起读者共鸣的作品。这些作品字里行间渗透了一定的人情味，并给人以深刻的社会哲理，故不少读者爱读。但在这些作品中，也有一些作品违背了四项基本原则，带有明显的资本主义自由化倾向，宣扬了一些不健康的东西。

对于以上几种主要阅读倾向，我们要分析产生的原因，要看到有利的一面，也要看到不利的一面，并开展相应的图书借阅、宣传、阅读指导等工作，才能把读者工作做好。

三、图书流通工作

图书流通，就是通过一定的形式，把图书室中的图书借给读者，让读者阅读自己所需要的图书资料，使藏书充分发挥作用。图书流通工作是读者服务工作中最经常、最大量的工作，它直接体现图书室的方针任务，是一项思想性、科学性很强，富有生动内容的工作。目前各图书室图书流通的方式一般包括外借、阅览和室外流通等，这些方式都应简单易行，既能方便读者，节省借书时间，又能手续完备，防止图书散失，还应对读者借阅有所记录，便于指导阅读。因此，各室应根据具体情况，考虑需要与可能，采取各种形式的借阅方法，积极主动地为读者服务。

1. 图书外借　图书外借是满足读者将藏书借出室外阅读的形

式,图书外借是图书流通中最基本的一种形式,它深受广大读者的欢迎。

图书外借是通过外借处进行的。外借处一般由书库、出纳台、半开架和目录组成。外借方式包括个人、小组和集体外借,以及预约借书、图书室之间互借等。

（1）个人外借。是以个人名义向图书室直接借书,图书室直接向个人提供书刊,这是农村图书室图书外借的主要形式。一般说,个人借书要有借书证和借书登记单,作为读者借书和借书记录的凭证,借书证和登记单（簿）可以购买,也可以自印。其格式见图例。

封底   封面

借书规则	借书证
1. 只限本人使用,不得转借;	证号
2. 爱护图书,按期归还;	姓名
3. 损坏、遗失图书按规定赔偿。	文化程度
	年龄
	单位
	×××图书室

封里

借期	书名	还期	备注	借期	书名	还期	备注

将封里放到封面和封底中间,合订成册,由读者备带。也可将借书证和借书记录单分开,读者只携带借书证,借书记录单存放于图书室内,按单位或借书证号或借书日期顺序排列。

收取租金的图书室,可将每次金额写在备注栏内,或采用记录比较详细的借书登记簿,做好详细记载。

对个人借阅的图书,应规定借阅期限。例如,文学作品借阅一次为十天或十五天,社会科学、自然科学图书为三十天。在规定期限内尚未看完图书的读者,要到图书室办理续借手续,续借可办理一至二次。对逾期不还者,可以收逾期费,一般一天一分;租金收费的图书室,对逾期者可加倍收费。

在发放个人借书证时,可收取一定数量的押金,押金数量可在一元五角至三元之间。有了押金,图书财产的完整和逾期费的收缴就有了保证。

(2)集体外借(包括小组外借)。就是村、社办厂等图书室或读书、自学小组向乡图书室成批借阅书刊。借阅单位推选一个经办人,到乡图书室办理借书手续,借回来的书供大家阅读或作为本图书室的流通书。

集体借书不一定要发借书证,但要建立借还记录簿。记录簿要一式两份,一份留图书室,一份交借阅单位经办人保管,集体借书记录簿的格式是:

封面　　　　　　　　　　封里

×××（单位）集体借书 记 录 簿 ×××图书室	借期	类号	书名	册数	经办人	还期	备注

集体借阅图书，是上一级图书室扶持下一级图书室、较大一点的图书室扶持小一点的图书室的有力措施之一，凡是有条件的乡图书室，都应把集体借书有效地开展起来。集体借书的借期，应比个人借书长一点，比如说两个月。借阅图书的册数，应根据自己藏书情况和借阅单位对图书资料的需要情况而定，比如三十册或五十册。

（3）预约借书。读者要借的书已被他人借出，可以采用预约借书的办法满足需要。读者预约借书，首先要进行预约登记，待书还回后图书室再通知预约的读者借书。写便条、发预约通知单、口头捎信、借书处张贴通知都是农村可行的办法。

（4）图书流动箱。图书流动箱是图书室主动为读者服务的一种方式。它的特点是不受地点条件的限制，流动性强，占面积不大，组里、农民家里、田间、山区均可陈列阅览，就地借阅十分方便，是适应农村尤其是边远山区、边境地区、少数民族地区居住分散的村、组或自然村的农民看书学习和普及科学文化知识的重要方式之一。

流动图书箱所配图书应以普及读物为主，紧密结合流通地区的生产重点和重点服务对象的实际需要作重点提供。基本上应包括"一般用书"和"重点用书"两部分。

图书室把一定品种和数量的图书收装入箱后，交给单位的图书借阅经办人，由经办人负责图书箱图书的日常借还工作。图书箱进入流通时，要严格交接手续，图书室要在书箱中设置记录簿，经办人要验收签字。发现图书丢失、破损等现象，要及时处理。收装入箱的图书，不是一装了事，要经常了解读者对图书资料的需要情况，并根据读者需要情况的变化和可能条件，进行必要的调整。

2. 图书阅览　图书阅览是指读者在图书室的阅览室阅览图书、报刊、杂志，图书室为读者的阅览提供方便和服务。因此，阅览室是图书室向读者服务的基本方式之一，也是图书室为读者工作的重要阵地。

在阅览室内，一般应放置报纸、杂志，如有可能，还应备有字典、词典、手册、索引等工具书和一些复本少、流通量大的图书，让读者在阅览室内阅读，以解决供求矛盾。

阅览室内的报纸、杂志可采取开架借阅，让读者自由选阅。杂志如采用半开架，出纳应由管理员控制。少量工具书和其它图书，也可半开架。半开架的杂志、图书，读者必须凭有效证件或押金借阅。

农村图书室的阅览室一般比较小，而且与借书处连在一起，各种读者比较多，嘈杂声音比较大，往往拥挤不堪，管理员要维持好秩序，尽量保持阅览室内的安静，并防止书、报、杂志的散失。在村、组图书室，往往没有固定的阅览室，可利用会场、公房，村、组办公场所等地方开展阅览工作。

阅览室内要根据图书室的特点作一些必要的环境布置，如张贴有关字画、名言警句等，让读者感到舒适、自然，并从中得到某些启示。

3. 少儿阅览　少年儿童是祖国的未来，全党全国都在大力为少年儿童办好事，办实事。毫无疑问，农村图书室也应努力为孩子们提供阅览条件，切实搞好少儿阅览工作，并通过这一工作，力求使农村儿童在图书室中得到丰富的精神养料，扩大眼界，增长才干，将他们培养成为建设社会主义的一代新人。

农村图书室由于条件限制，目前绝大多数图书室难以开辟少儿阅览室和配备少儿阅览专职管理员及辅导人员。为了搞好少儿阅览工作，各室应根据现有条件，采取各种形式，运用社会力量，把少儿阅览工作开展起来。在图书借阅和阅读辅导方面，可采取"两个结合"的办法：

一是管理员和少儿读者结合。少儿读者主要是在校的初中、小学学生，这些小读者到图书室借书在时间上比较集中，一般是吃饭、放学以后和星期天，在这几段时间内，管理员往往忙不过来，顾此失彼，这就可以吸收小读者协助工作，组织义务服务小组，帮助借阅图书和维持正常的阅览秩序。

二是管理员和学校教师结合。少年儿童都有爱好看书而又缺乏辨别能力的特点，这就需要对他们的阅读加以指导。阅读指导必须有的放矢，形式多样，内容丰富，生动活泼，易于接受。学校教师比较了解学生的思想状况和兴趣特点，管理员和教师共同研究、制定辅导计划，并结合教学计划进行各种辅导活动，才能收到较好的效果。

4. 建立健全借阅规则　图书室的借阅规则是开展借阅工作的准则，借阅规则是保障读者在图书室的权利和义务、保持图书的正常流通、保护藏书的完整的重要手段。在制定借阅规则时，要以方便读者为立足点，从本地区、本室的特点出发，订出切实可行的借阅规则。借阅规则的内容和范围一般包括：

①服务对象、登记、领证条件和方法；

②开放时间和借阅办法的规定；

③借阅数量、期限的规定；

④关于保持公共秩序和爱护公物的要求；

⑤借书逾期和书刊遗失损坏的处理办法；

⑥读者的权利和义务；

⑦凡收租金的，写明收费标准。

5.流通统计　流通统计的目的，是为了掌握书刊的流通情况，反映读者利用藏书的数量和倾向，反映图书室的服务状况和业务水平。同时，流通统计可作为补充藏书和改进工作的参考。因此，必须认真做好统计工作，力求准确、及时、不间断。

统计的内容：

（1）读者基本情况的统计。包括读者成分、文化程度、年龄等。

读者基本情况统计表：

月份	人数总计	读者成分					文化程度				性别		年龄			备注
		农（渔）民	社办厂职工	退休老人	干部	其他	小学	初中	高中	其他	男	女	老年	中年	少年儿童	
1																
2																
3																
4																
5																
6																
7																
8																
9																
10																
11																
12																

（2）书刊借阅统计。按借书证或借阅登记簿记载，每天统计一次，每月累计一次，一月一张表。

四、阅读辅导和图书宣传

阅读辅导和图书宣传是读者工作的重要组成部分，是提高图书室服务质量的重要手段，也是图书管理员的工作职责。农村图书室都必须努力改变"守摊子"和等读者上门被动服务的局面，要通过宣传辅导工作，积极主动地、千方百计地吸引更多的读者利用图书室，充分发挥藏书的应有作用。

1. 阅读指导和图书宣传的基本内容　运用各种群众性书刊借阅统计表（见下表）的宣传方式，结合读者需要，宣传推荐图书，指

日期	合计	借阅册（次）数									借阅人（次）数					备注
		集体小组	马列主义	自然科学	社会科学	农业技术	文学艺术	连环画	报刊	合计	外借		阅览			
											成人	儿童	成人	儿童		
1																
2																
3																
4																
5																
6																
7																
8																
⋮																
31																
总计																

导读者阅读,是阅读指导和图书宣传的基本内容。

阅读指导的内容有:

(1)向读者介绍本图书室藏书的范围、特点,辅导读者使用图书室目录,遵守各项借阅规则。

(2)经常通过各种途径帮助读者查找所需要的书刊资料,解决学习上、生产上的疑难问题,促进其科学文化水平的提高和生产的发展。

(3)重视对青少年的阅读辅导,了解他们的阅读情况,针对他们的特点,介绍和推荐优秀读物,引导读者正确理解书中的内容,帮助克服某些阅读中存在的盲目性和不良倾向。

图书宣传的内容有:

(1)党的中心工作;

(2)国内外重大政治事件;

(3)群众学习的中心;

(4)重要纪念节日;

(5)农业生产中的突出问题;

(6)农业科普知识;

(7)农业新技术的推广和应用;

(8)读者的阅读倾向;

(9)到室新书及优秀图书;

(10)图书室工作动态。

图书宣传题材广泛,内容丰富,要多动脑筋,多想办法,把宣传工作搞得有声有色。

2.各类图书的辅导和宣传

(1)马列著作的辅导和宣传。马列著作包括马克思、恩格斯、列宁、斯大林、毛泽东等伟大革命导师的著作,这些著作是人类社会发展规律的总结,是指导世界无产阶级革命的理论。农村图书室要宣传马列主义、毛泽东思想,就必须做好马列著作的宣传。

一般说,在农村通篇阅读马列著作的读者是不多的,这就需要图书室根据马列原著,宣传马列主义的基本原理,特别是要结合党在农村的各项方针政策,向广大农民宣传马列主义、毛泽东思想在新的历史条件下的运用和发展。

当前,重点要宣传《邓小平文选》。《邓小平文选》包括邓小平同志在 1975 年 1 月到 1982 年 9 月这段时间内邓小平同志在政治、经济、军事、教育、文化、统一战线、党的建设等方面的重要论著,具有鲜明的时代特点。它是我们建设有中国特色的社会主义的建国大纲,是制定党的路线、方针、政策的理论基础,是毛泽东思想的继承和发展。因此,我们一定要采取多种形式,通过多种渠道,向广大农民大力宣传《邓小平文选》。

(2)哲学、社会科学图书的辅导和宣传。这类书籍,是人类社会实践的总结,是我们进行各项工作的思想武器。通过这类图书的阅读指导和宣传,促使读者学习辩证唯物主义和历史唯物主义,从而帮助广大农民掌握建设社会主义文明农村的客观规律。在当前,尤其要向广大读者宣传推荐有关农业生产责任制、社会主义法制、计划生育和破除封建迷信的意义等方面的图书,促进农村的社会主义文明建设。

(3)文艺图书的宣传。文艺图书是通过艺术手段来反映客观世界和现实生活的,虽然读者借阅文艺书籍基本上是一种文化生活,但文艺图书对人们的思想有着潜移默化的影响,阅读文艺图书的读者又多,所以我们千万不能低估它在现实生活中的作用。

优秀的文艺作品,以它特有的艺术形象,曲折有趣的故事情节,精彩的叙述描写,发人深思的语言,对读者具有很大的吸引,深刻的教育,强烈的感染。一首首优秀的诗歌,会启迪人们的心灵,给你艺术享受;一篇篇好的散文,能在你面前展现出五彩缤纷的世界,给你知识的力量;激励人心的报告文学,更会给你方向和勇气;阅读科普文学作品,可以增进科技知识;等等。文艺书籍还是人们

102

精神生活必不可少的伴侣,会给读者艺术享受,使你生活丰富,充满乐趣;有利于身心健康,恢复体力;有利于陶冶情操,焕发精神。马克思和恩格斯常常在一起整段整段地背诗歌,以消除疲劳。文艺书籍还能使读者获得丰富的生活知识、科学的工作方法,以及提高写作能力,造就人才。

但是,人类社会是复杂的,反映在文学书籍中同样也是复杂的。即使是比较进步的名著,如《红楼梦》、《红与黑》等,也会由于历史的局限和读者立场感情的不同,对于今天某些人来说,仍然能产生一些消极的影响。更何况有的文艺书籍本身就是反动、没落、低级、庸俗的呢。

还有的文艺书籍是糖衣裹着的炮弹,杀人不见血的软刀子,其欺骗性之大,杀伤力之强,危害性之广,都会使人惊讶。

做好文艺图书的阅读辅导和宣传工作,首先必须认真调查分析文艺图书的质量,调查研究读者的读书情况和读书效果。其次,要引导读者端正读书态度。读者为什么阅读文艺书,其目的与态度是差别很大的。有的读者阅读文艺书单纯为了消磨时间、追求情节,专门看爱情小说、侦探故事,这是十分可惜的。至于少数读者是为了从文艺书中寻取不健康的东西,这就更危险了。再次,要指导读者掌握好的读书方法,帮助读者挑选图书,订好读书计划,开展图书评论活动,以提高他们鉴别和判断是非的能力。

(4)科技图书的宣传。科技图书是人们长期生产经验的总结和科学技术发展的结晶,在农村中大力宣传、流通农业科技图书,对促进农业生产的发展,具有重要作用。

宣传科技图书,主要抓三个方面:一是推广新科学、新技术、新经验,促进新的科学技术在农业生产中的运用;二是针对生产中的一些问题,主动做好图书宣传推荐,帮助解决生产中的疑难问题;三是经常不断地进行科普宣传,让广大农民掌握更多的科普知识。在宣传科技图书的方法上,应从实际出发,采取"三个结合":一是结合各种技术培训,积极开展集体和个人借阅活动;二是结合农时季节,宣传推荐有关科技图书和编(翻)印有关科技资料;三是结合各种商品的生产,向他们提供各种专业书刊和解答咨询。

3. 阅读辅导和图书宣传的形式

(1)新书介绍。在借书处的墙壁上张贴新到的书名,并扼要写上新书的内容提要,也可贴上图书封面,使版面更醒目。介绍新书时,不要偏重于"热门书",因为"热门书"往往不用宣传就会被读者借阅一空。相反,多介绍那些不被读者注意的图书,以吸引读者,就能使所有图书都"活"起来,进入流通领域。

(2)图书推荐。图书管理员要熟悉图书,多了解图书内容,主动向不同读者推荐和介绍各种图书,让读者有所选择。当某种书拒借时,管理员可推荐内容相近的图书,尽可能满足读者的要求,让读者满意而归,保持读者的看书积极性。

(3)讲座。结合一定时期的中心工作、阅读倾向、农时季节等,宣传有关书刊,以达到扩大图书流通和辅导阅读的目的。讲座的内容很多,如宣传党的会议文件,介绍作家和作品、农业科普知识等。

(4)故事会。这是一种深受广大农民读者欢迎的文化活动,方法简便、灵活,组织规模可大可小,时间可长可短,田头休息、晚上乘凉都可以进行,一些没有阅读能力的人也可以从中得到教育。图书室要在青年、妇女、民兵等组织的配合下,在群众中培养一批业余故事员,协助图书室搞好图书宣传工作。

(5)书评。这是提高读者阅读欣赏能力的好形式。在读者中,有的求知欲强,看书认真,有一定的阅读能力;有的看书不动脑筋,只求大概;有的看书劲头很足,但文化程度低,接受能力差;有的看书指导思想不对头,在书中寻求所谓有"刺激"的情节。图书室应根据这些不同情况,有针对性地开展书评活动,帮助读者提高阅读鉴赏能力,克服读书中存在的种种错误倾向,掌握正确的读书方法。

开展书评活动可采取各种不同的形式,如召开书评座谈会,出书评专栏专刊,组织读者写阅读心得等等。

(6)报纸剪辑。按专题将报纸上的有关文章或资料剪贴起来,然后按内容性质加以编排,放在阅览室内或作专栏布置,便于读者花较少的时间,获得某一问题的有关资料。

现在多数农村图书室不重视报刊资料的搜集和整理,所订报纸不是散失就是到废品收购站出售。实际上,报刊上的有关文章和资料多数在现有出版的图书上找不到,如果管理员能认真细致地把报刊资料搜集起来,不仅能更好地满足读者的需要,而且能节省一些购书经费。

报刊资料剪辑的内容很多,如有关专题的政治学习资料,时事资料,农业科普常识,农村常见病的防治、偏方,长篇小说连载,有关生活小常识等。只要管理员是有心人,就会发现报刊上的资料无所不有。

(7)读书座谈会。当某种科学著作或文艺作品在读者中产生了比较大的影响,受到了读者的普遍关注时,可组织读者座谈讨论,交换读书心得,提高阅读欣赏能力。

在开座谈会时,主持人可先提出带启发性的讨论提纲,启发读者发言,归纳问题,引导读者集体讨论,使讨论会开得生动而活泼,达到预期效果。

读者座谈会,还是图书室联系群众,倾听意见,改进工作的一种好形式。

五、常用工具书的使用

在我们的学习和工作中,无论是读者还是图书管理员都会经常碰到一些疑难问题。例如,其字不明其音、义,某词不懂其意思,某事不知其原委,或年代时间不会换算等难题,面对这些随时都可能出现的疑难问题,读者可能会来要求图书管理员解答,但管理员去问谁呢?最好的办法是借助工具书来解答读者的疑问,满足读者的要求。因此,农村图书室应收藏一些常用工具书,图书管理员应熟悉它们,掌握它们的使用方法,增强自己为读者服务的本领,更好地为读者服务。

1. 怎样查找字、词

(1)字的查找。汉字发展至今已有六万余字,但常用字只有三、四千,多则五、六千字。在我们的工作和学习中,会经常碰到一些不认识的字、容易混淆的字、一字多义多音等疑难,如"如火如荼",这"荼"字有人误读为(chá)——茶;"蜕化变质"的"蜕"字有人误读为(tuō)——脱,等等。"戌、戍、戊、戎","己、已、巳"等字,它们在字形上只有点横之差,不易辨认。此类问题,通过查阅《新华字典》、《汉语常用字典》等,就能解决。至于一些古字、冷僻字的查找,可利用《康熙字典》、《古汉语常用字字典》等工具书。

(2)词语的查找。词语包括现代汉语词汇、古代汉语词汇、专门性词汇(成语、方言、人名、地名、专门学科的词语等)。查找现代汉语词汇,可利用《新华词典》、《现代汉语词典》、《四角号码新词典》和《辞海》等;古代汉语词汇的查找,可查《辞源》等;专门性词汇的查找,可查有关专门词典。例如,要查成语出处、意义,可查《汉语成语词典》、《现代汉语成语词典》等;要了解某人的情况、简历等,可查《中国人名大辞典》、《当代国际人物词典》等;要弄清某些哲学和经济学概念,或了解这两学科中的某些人,可查《简明哲学词典》、《政治经济学词典》等。一般词语,在《辞海》中均可查到。

2. 重大事件的查找 人们在学习和工作中,往往需要了解某一事件的发生和发展概况,以便开展对某一问题的研究或配合各种宣传教育活动。例如,"九·一八事变"、"淮海战役"等,还有我党关于农村工作方面的重要决策,如"六十条"、"十二条",以及党的十一届三中全会以来的农村政策的重大决定等。要查找前者，可利用《辞海》等工具书；要查找后者，首先要判明"决策"的大概时间，然后可查阅《人民手册》、《中国农业年鉴》等。

3. 统计资料的查找　统计资料是指某一事物和史实的数字记录，它从数量的角度为我们提供事物的发展情况，是研究有关问题的重要依据。例如，农业生产中粮食、棉花、水产、畜牧等增长情况，我国解放后在校学生情况，目前我国有哪些出版社，每年出版多少书，等等。要查找这些资料，可利用《中国农业年鉴》、《中国出版年鉴》、《中国百科年鉴》等专科性和综合性的工具书。此外，报刊索引也是查找统计资料的一条有效途径。

4. 时间的查找　就是年号、年代的查找和换算。例如，贞观二十二年，唐朝在碎叶——李白的故乡正式设镇。其中"贞观"是指什么？贞观二十二年是公元哪一年？相距今天多少年？要解决这类问题，可查《中国历史纪年表》、《中国历史年代简表》等工具书。通过查找，就知道"贞观"是唐太宗的年号，贞观二十二年，即公元648 年。史料表明，碎叶是我国唐代西部的一个镇，这就有力地驳斥了有的国家所谓中国的边境"从来没有到过巴尔喀什湖"的谬论。

若要解决年、月、日的换算，则要借助于各种历表。选用历表时，要根据时限来决定，时间较长的，可用《中西回史日历》、《两千年中西历对照表》等书；时间较短的，则用《中国近代史历表》等书。这几种历表包罗古今之年、月、日，又有"年号通检"等可供查阅，一般问题都可解决，只是查法稍为复杂而已，当然我们掌握了它，运用起来也会得心应手。

5. 人名的查找　古代人不直接称某人的姓名，而称其别名、室名，这种现象宋元以来成为一种风气，而以诗人、画家尤甚。唐代对人有一种习惯称呼，在姓名上加行第、别名、室名，行第等须查阅《室名别名索引》、《古今人物别名索引》等有关工具书。

我国古今人名,同姓名者较多。如东汉有一著名人物叫王充,我们知道他是《论衡》的作者。但是,《中国人名大词典》王充这一名字下,除了注明"王充,后汉上虞人"外,还有另一条注释:"王充,宋梁州人"。这说明历史曾存在着两个王充。如果我们查一下《古今同姓名大辞典》,结果发现六个王充:"①前汉外戚;②后汉上虞人;③晋中山太守;④南陈临沂人;⑤隋西域人;⑥宋梁州人"。碰到这种情况,我们更要注意加以区别。

在近现代,由于各种原因,用笔名者甚多,如鲁迅就用过一百多个笔名。为了查找作者的真实姓名,我们可利用《现代中国作家名录》等工具书。

此外,还有"建安七子"、"竹林七贤"等集团人名,这类问题一般可在《辞海》中解决。

人物传说资料的查找,查阅的方法及工具书与上述基本相同。

6. 书刊及文献资料的查找 书目索引是查找书刊文献资料的工具书。查找解放后出版的图书、报刊上发表的论文资料,可利用《全国总书目》、《全国报刊索引》、《人民日报索引》、《光明日报索引》等工具书。

六、读者工作中必须注意的几个问题

1. 提高图书流通率 提高图书流通率是读者工作中的重要课题,也是读者工作好坏的重要标志之一。如同列宁所说的那样:"图书馆能够引以为荣的,不是收藏多少珍本图书,而是使图书在读者中广泛流传。"可见,图书室的收藏不是为了"藏",而是为了"用"。因此,各图书室不仅要欢迎读者来室借阅图书,而且更重要的是要想方设法提高图书流通率。

图书流通率的提高,首先能满足更多读者的需要,缓和供求矛盾;其次是随着供求矛盾的缓和,图书室经费不足的矛盾在一定程度上也能有所缓解;再次是使图书的作用得到了更大的发挥,任何图书的使用价值都是有时间性的,有些图书在一定时间内是"热门货",过了这个时间就可能变成"滞销货"。图书让读者利用的次数愈多,它的作用也就发挥得愈大,因为图书的作用是通过流通来实现的。

要提高图书流通率,主要是提高图书的周转速度,缩短图书的周转时间。例如,某图书室有《怎样养猪》的书两册,但需要这本书的读者有六个,如果六个读者借阅这本书的时间各为一个月,六个读者的需要在三个月内才能得到满足,如果六个读者的借期均缩短到十天,那么,六个读者的需要在一个月内就能得到满足。一个月后,需要这本书的其他读者就可以进行借阅了。

2.做好催书工作 有的读者借书后逾期不还,有的长期不还,严重影响了图书流通。这就需要图书室花费一定特人力、物力去催还图书,把每一本图书都纳入正常的流通轨道。催还图书的方法大致有以下几种:

(1)电话催;

(2)口头带信;

(3)写催书单。催书单可油印备用,随时填写。催书单的内容要简要。例:

×××同志:

你于×月×日借(填写书名)×册,已逾期×天,接本通知后,请即刻归还。

　　　顺致

敬礼!

×××图书室
×月×日

(4)上门催;

(5)屡催不还的可与其单位联系催促还书。

3.运用经济手段 就是用经济办法把读者借书和读者本身的

经济利益联系起来。目前农村图书室采取的经济手段有以下几种：

（1）发证收押金；

（2）发证时，一次收取若干折旧费；

（3）逾期不还者，罚款；

（4）收缴租金，按天数计，逾期者加倍；

（5）对损坏、丢失、偷窃图书者，按规定赔偿或罚款。

实践证明，以上办法都是可行的，对提高图书流通率也是极其有效的。如果在发证时不运用经济手段，就难免出现"手长"的领证，"手短"的领不到证，结果借书证按规定发足了，而发证使用率不高。不少"死证"占了名额，不少真正要读书的读者被关在图书室门外，这种现象如果出现或存在，显然是不合理的。如果在图书的出借上不运用经济手段，有的读者借书逾期不还，有的甚至连催几次也不理。有了逾期罚款这条规定，读者没有特殊情况一般都会按时来归还图书的，没有看完的也会及时来室办理续借手续。

4. 发放借书证的数量要合理　借书证发少了，限制了图书流通，使图书资料得不到充分利用；发多了，有证借不到书，会引起读者的不满，影响读者的看书热情。

在农村图书室，藏书量和借书证的比例可在 10：2 左右，即每张书证有五本藏书作为保障。例如，某图书室藏书二千册，可发借书证四百张左右。

除了发放借书证外，对一些短期急需图书资料的无证读者，只需交付规定数量的押金，或凭单位介绍信，也应尽量满足他们的要求。

5. 严格执行借书处、阅览室规定的各项制度，防止图书散失

农村图书室要制订切实可行的外借、阅览制度，规定损坏图书的赔偿办法，对于偷书或以各种非法手段占有图书的人，要有严厉的制度给予惩罚。执行制度时，对各级领导干部和亲朋好友都要一视

110

同仁。

在严格执行制度的同时，要做好宣传工作。管理员要耐心细致地、不厌其烦地告知读者，图书是集体的财产，任何人不得以任何形式占为己有，要爱护图书，对图书轻拿轻放，不能窝折、沾水、勾画、撕页、火烤。

第十一章　农村图书室协作网

目前,我国农村图书室事业从总体上说还比较落后,不能适应农村文明建设的需要,但是我们可以充分发挥社会主义制度的优越性,克服本位主义,发挥共产主义协作精神,把分散的各个图书室组织起来,成为一个有机的整体,联合成一个协作网,就能大大提高图书室的作用,为农村文明建设做出更大贡献。

但是,我国农村多数地区尚未建立图书馆、室协作网,各图书室基本处于各自为政、互不往来状态,图书采集、分类、编目和图书流通、宣传等工作,基本上是各行其是。虽然县图书馆在农村图书室中起着一定的联系、组织作用,如召开会议、开展经验交流、组织检查评比、进行业务辅导等等。但是,由于县图书馆是事业单位,不是行政领导机构,加上县馆本身人力、物力有限等因素的限制,县馆在农村图书室中的组织和联系工作还比较薄弱,而农村图书室相互间的联系和协作几乎是空白。这种状况的存在,对发展农村图书室事业无疑是一个障碍。要改变这种状况,就必须重视农村图书室协作网的建设。

当然,当前农村要建立完整的图书室协作网是有困难的。一方面,农村图书室是全国图书馆事业网的一部分,它有待于全国图书馆事业网的建立和完善;另一方面,农村图书室基础比较薄弱,在建网上不可能一下子迈出很大的步子,只能根据具体情况,因地制宜,逐步发展,逐步前进。鉴于上述原因,建立农村图书室协作网,应以县为单位、以县图书馆为中心,逐步建立地区性的图书馆、室协作网,从而为全国图书馆建网或并网打好基础。

一、协作网的作用

1. 有利于图书资源的充分利用　充分利用图书资源,是建立协作网的主要目的和功能之一。列宁早就指出,为了帮助人们利用我们现有的每一本书,应建立一个有计划的统一的组织,而不是建立许多平行的组织。但是,农村乡、村都是平行的行政机构和组织,也是独立核算、自负盈亏的集体经济组织。图书室是农村集体自办的设施,它的所有权归集体(包括人事权),上级有关行政部门对它们不能实施统一的领导,只能根据党的路线、方针、政策及农村文化建设的任务提出一些指导性的要求。另一方面,由于农村目前的经济、文化、科学等事业还比较落后,农村图书室还处于初级的发展阶段,它的社会性还很不完善。因此,农村图书室基本上处于各自为政的局面。反映在藏书建设和藏书利用上,各图书室之间没有合理分工或有所侧重,都只局限于自己的小圈圈之内,造成了有的室的图书供不应求,有少数室却供过于求这种不合理的状况。更有甚者,在甲室已属剔除的图书,在乙室却属新书购买之列。要充分利用每一本图书,更好地满足读者多方面的需要,就必须加强相互间的合作和协调,把分散在不同乡、村的图书室,通过一定的协议和组织形式紧密地联系在一起,使每一个室都把自己的藏书看作是协作网的统一藏书的组成部分,是图书室协作网的共同财富。

要充分利用图书资源,就要坚决反对小生产方式的习惯势力。小生产方式的特点是:反对集中统一,喜欢搞无政府主义、分散主义和本位主义;反对分工协作,欣赏大而全、小而全,自成体系,万事不求人。显然,小生产方式的习惯势力是协作网的极大障碍。

应该看到,现代图书出版物品种多,数量大,增长快。现在我

113

国每年出版的图书、期刊就有几万种,就是大型图书馆(除国家图书馆和国家版本图书馆外),能收藏的图书和期刊都只能是其中的一部分,更何况农村图书室呢?

当然,就一个图书室来说,藏书总是有限的,几百册、几千册,多则逾万册,如果把各个图书室的藏书联系起来,数量就可观了。例如,一个县有二十个乡、五十个村图书室,平均每个乡室藏书二千册,每个村室藏书五百册,合起来就逾六万册。这样,数量就有点可观了,而且品种也会大大增加。每个图书室就不会感到自己的藏书"少得可怜"。但是,要使每个图书室都成为整个网络的一个网点,而不是一颗散落的"孤星",就要参加协作网,把自己的藏书变为协作网的"共同财富"。

农村图书室就其某一室的服务对象来说,数量是有限的,少则几十个,多则几百上千个。但是,尽管读者数量有限,但他们的需要确是多种多样的,而且随时都在变化,图书室的藏书很难满足他们的需要。如果加入了协作网,在不能满足读者需要的时候,查一下联合目录,就可以通过互借来满足读者的需要。

2. 有利于密切图书馆室之间的关系 县图书馆与乡、村等图书室,尽管规模有大小,但其性质、业务活动内容等方面基本相同。因此,它们可以相互合作,取长补短。由于县图书馆是全县藏书的中心,也是业务辅导的中心,县馆义不容辞对各基层图书室尤其是农村图书室负有业务辅导责任,但是,县馆的辅导工作范围的大小,工作量的多少,工作质量标准的高低,都没有明确的规定。成立了协作网,县馆处于这个组织的中心,根据协作网的章程及各项规章制度,工作既有量的规定,也有质的要求,县馆就会想方设法来完成自己的己任,充分发挥"中心"的作用。

乡、村及其它图书室,通过协作网,一方面密切了同县馆的关系,更重要的是通过一定的形式,沟通了相互之间的联系,即加强了横向联系,改变了过去那种"鸡犬之声相闻,老死不相往来"的现象。

3.有利于开展各种业务活动　农村图书室就其业务活动而言,是相当少的。一方面,由于藏书少,业务问题不甚突出,加之有些同志不够重视,即使要开展一些所谓的业务活动,往往流于形式。县馆召开会议,也是工作会议多,研究具体业务少。另一方面,是由于缺乏必要的组织形式,不能经常把大家组织起来,共同探讨和解决一些业务中的具体问题。县馆的业务辅导工作,虽然也属业务活动,但无论从面上、量上和质上来看,都是远远不够的。尤其是农村图书室相互之间,互不通气,互不联系,根本无法开展所谓的业务活动。

建立协作网,县馆与乡、村图书室之间,乡与乡、村与村图书室之间,可以定期或不定期地根据工作中的实际问题进行业务研究,例如,图书如何采集? 请社办厂供销人员代购图书如何扬长避短? 如何健全规章制度? 等等。通过这些专题讨论或例会,使大家加深对某一问题的认识,统一思想,促进工作。

4.有利于有关部门对图书室事业的指导　农村图书室事业的建设是农村文化乃至精神文明建设的一个重要方面。为了促进农村图书室事业的建设,有关部门(县政府、县文化局、县团委等)必须做好指导工作,提出发展规划、工作要求等。但是,有关部门对农村图书室事业的指导,往往有劲使不上,由于缺乏"合法"的渠道,一般不能直接发号施令,逐级贯彻落实。建立了协作网,这种现象在一定程度上可以得到改变。一方面,农村图书室的情况通过协作网可以得到比较系统、确切地了解,使有关部门的指导工作比较及时,切合实际;另一方面有关部门的指导意见通过协作网也能得到较好地贯彻落实。总之,协作网沟通了上下之间、左右之间的联系,使有关部门对农村图书室的指导更加有效及时。

5.有利于交流经验　各图书室在长期的实践中,在不同程度上都取得了一定的成绩,积累了一定的经验。例如,如何广开书源,如何解决经费,如何争取领导支持,如何管好图书,等等。这些经验的创造和积累,在不同的图书室往往具有不同的特点,进行相互间的交流,以取别人之长补己之短,达到共同提高的目的。

二、协作网的活动内容

1. 加强藏书建设　主要是在藏书补充方面加强协调和协作。农村图书室家小业小,在藏书建设上都要形成比较完整的体系是很困难的。但是,为了满足本县文明建设的需要,应建立一个适应全县需要的藏书体系。协作网可以通过充分协商,根据各地实际情况,明确分工,使各图书室藏书都有所侧重。这样,可以充分利用图书室数量多、藏书精的优势来克服规模小、藏书少的缺陷。

在藏书建设的协调和协作方面,需注意两个问题:一是各室藏书的侧重点要切合实际,如棉乡以收藏有关棉花技术的书刊为主,水稻地区则以收藏水稻技术的书刊为主,这样分工,大家才能感到有利,易于接受;二是各乡、村图书室的藏书建设必须以满足本地区需要为主,如果脱离本地区需要而片面追求所谓重点,就有可能劳民伤财,遭到群众反对。

2. 编印联合目录　就是汇编各室的藏书目录。联合目录是揭示、报道各室藏书的有效方式,也是把各室藏书变为协作网藏书的重要手段之一。在各室藏书补充有所分工、各有侧重的情况下,更需要这种揭示、报道各室藏书的联合目录。因此,协作网应把编制联合目录作为一种经常性的工作,长期坚持,努力做好。

在编制联合目录的方式和程序上,可由各图书室按月(或按季)把藏书补充新书目送交县图书馆,县馆再汇编(包括县馆的藏书新书目)、翻印、下发。为了减轻县馆的压力,也可分片(几个乡为一个片)汇编,再送县馆总编。也像生产产品那样,先初加工,再精加工。在一个片内,新书目的汇编工作可由各图书室轮流担当,使大家都熟悉和分担这一工作。

3.开展馆、室互借　这是书刊流通方面的协作。当某图书室对某种书难以满足读者需要时，可利用联合目录，查找到该种书，然后通过一定的手续向收藏这种书的图书室借阅。通过这种协作，要使一本书仅在一个室起作用变为在全乡、全县甚至更大的范围内起作用。

在图书互借的过程中，各图书馆、室都要克服"惜借"思想，克服"借而不还"的不负责任的行为，使书刊流通工作在各图书馆、室之间真正做到协调与协作。

4.总结推广先进经验　是指对一些好的典型、好的工作方法及时总结，并及时宣传推广。农村图书室对于总结推广先进经验工作比较薄弱，广大图书管理员长期辛勤劳动，积累了不少有用的经验，但往往得不到及时总结推广。这是因为农村图书室上下之间缺乏系统的组织领导，有关部门对有些情况不能及时了解，加之农村图书室工作尚未引起人们的广泛支持和足够重视。基于这种情况，农村图书室更应把总结推广先进经验作为自己的主要活动内容之一，以期相互学习，共同提高。

5.培训管理员　农村图书室协作网应当把组织图书管理员进行业务学习，作为自身活动的重要内容。必须看到，目前农村图书室管理员队伍的业务水平比较低。随着农村图书室建设的发展，管理员队伍在不断扩大，不少"新兵"急待学习图书管理的基础知识，就是"老兵"也存在着知识更新和继续提高的问题。因此，协作网建立以后，对于图书管理员的业务培训问题应该给予很大的注意，要用较大的气力，运用各种方式，培养与提高农村图书管理员的工作能力与业务水平。

三、建立协作网的步骤

1.提高认识，统一思想　建立协作网，必然会遇到各种不同的思想反应，有的赞成，有的怀疑，有的甚至还会反对。因此，建立协作网的第一步就要统一思想。为了达到这一目的,就要多作宣传,向大家讲清楚协作网的作用、参加协作网的好处等等。在大家提高认识的基础上,再进行建网的筹备工作。对于那些不愿参加或暂时抱有怀疑态度的图书室,不要硬"统"起来,待他们自愿要求参加协作网时再吸收他们,但不要讥笑甚至指责他们,应热情对待。

2. 广泛协商,健全领导 协作网是事业性质的联合组织。协作网要充分发挥自己的功能,就必须有一个民主选举的、强有力的、充分履行领导职责的领导机构。领导机构的组成人员要通过充分协商,反复酝酿,民主选举,由那些懂业务、有全局观念、有工作魄力的同志担任领导工作。同时,要注意领导成员具有一定的代表性,例如,每片一名。

全县范围的协作网应成立一个中心领导小组,统一领导协作网的各项工作。片、乡也应分设领导小组,使协作网的各项活动能上下呼应,密切配合;有分有合,有条不紊;合而不乱,分而不散。

3. 制订章程,明确责任 协作网的各项活动要正常化,就要制订切实可行的、大家都能接受的章程(包括各项规章制度),制订的章程一旦通过,大家都要切实执行。章程的内容大致有:

(1)协作网的指导思想、意义及作用;

(2)协作网的活动内容;

(3)参加协作网的图书馆、室必须履行的责任和义务;

(4)组织领导机构的性质、形式及其成员、任期;

(5)对各项工作的具体要求,即图书采购、分类、编目,编制联合目录,馆(室)际互借,业务活动等等方面的细则;

(6)对遵守章程、工作突出的图书馆、室以及图书管理员的奖励办法。

章程的制订,有些方面可粗一点,如协作网的指导思想、意义及作用等。有些方面应细一些,如一些具体工作的规则等。例如,书刊互借的借期多长？逾期了怎么办？只有一本复本的书能不能互借？等等。这些问题都要根据具体情况作出原则规定，使大家在工作中有章可循，有据可依。

4. 按片组网，逐步发展　在一个县的范围内建立协作网，从全国图书馆网这个角度说，只能是一个小小的网点。但是，就一个县的本身来说，这个网又是一个有机的整体。由于经济等客观条件的差异，一个县范围内的各图书室的发展程度也是有差异的。有的乡办起了图书室，有的还没有办；有的图书室办得比较好，有的比较差；有的图书室发展比较快，有的比较慢。根据这些客观情况，全县范围内的协作网也不能一蹴而成。

渔网是一个网眼一个网眼织起来的。图书馆、室协作网也应一步一步发展，不能操之过急，先把基础好、条件具备的片、乡、村建成网点，或组成网片，条件成熟一个片、一个乡，就建成一个点（片），然后把所有网点联起来，就组成为全县性的协作网。

四、建立协作网要注意的几个问题

1. 不能一平二调　协作网在藏书、互借等方面的协调和协作，其目的是提高藏书质量，提高藏书利用率。但是，在协作过程中切不能一平二调。如果借出去的书收不回来，拿出去的钱没有得到等量的书刊，则会严重挫伤各图书室的积极性，不利于图书室的巩固和发展。

2. 争取各级领导的支持　建立协作网是一项面广量大的工作，光凭广大图书管理员的热情是不够的。为了使建网工作顺利进行，必须争取县、乡、村各级领导的支持，并在他们的领导下进行工作。同时，还要争取县团委、县文化馆、乡团委、乡文化站等部门和单位的协同，使大家都来关心农村图书室的建网工作。

3. 不能有依赖思想　建立协作网，在一定程度上可以弥补图书室经费短缺和藏书不足的缺陷。但是，如果大家都像"猴子抬石头"那样不使劲,只想依赖别人,"石头"就要落到自己的脚上。这样不但协作网变得毫无意义,而且各图书室原有的工作都要受到影响,得不偿失。因此,建立协作网后,各图书室首先要把自己的各项工作做好,把图书室办得比原来更好些,协作网才有坚实的基础。

4.充分发挥各网点的作用 就是要充分调动大家的积极性。协作网是一个有机的整体,它的活力,是建立在各网点充分发挥作用的基础上的。一架机器,如果某一零件发生障碍,就会影响机器的功能。因此,协作网的各级领导小组,尤其是县图书馆,要注意发挥各网点的作用,充分调动它们的积极性。作为各网点,也应自觉履行自己的职责和应尽的义务。只有通过共同的努力,才能把各项工作搞好。

5.要和其他类型的图书室搞好协作 全国性的或地区性的图书馆协作网,并不仅仅包括某一系统、某一类型的图书馆,除了搞好本系统内的协作外,它还应与其他系统、其他类型的图书馆之间搞好协作。因此,农村图书室建立协作关系后,还必须同自己周围的其它类型的图书室建立协作关系,如社办厂图书室、医院图书室、农科站图书室、学校图书室、部队图书室等等。这样,协作网才具有比较完整的意义。

第十二章　县图书馆对农村图书室的辅导

县图书馆是全县藏书的中心,也是业务辅导的中心。在县馆的辅导工作中,对农村图书室的辅导是县馆的主要任务。

县馆对农村图书室的辅导工作,是指县馆人员深入实际,调查研究农村图书室各方面情况,对全县范围内的农村图书室在业务上、技术上、工作方法上以及有关方面给予必要的指导和帮助。县馆开展辅导工作的目的,就是为了促进农村图书室建设的发展、巩固和提高。

一、县馆如何做好辅导工作

第一,县馆要认真学习中央有关文件精神,经常调查研究农村的新形势、新情况,总结工作中的经验教训,树立为农民服务的思想,坚持面向农村的方向。

第二,要加强辅导力量。馆领导要有人专门抓农村图书室工作,同时要派有一定群众工作经验、一定业务水平的同志担任辅导工作。

第三,馆内各项工作要通盘考虑,从藏书建设、图书借阅、图书宣传到业务辅导,都要考虑本县农村和广大农民的实际需要。例如,及时订购本县农、副、工生产和农村建设所需要的书刊,并注意收藏地方资料;设立农村书库,并不断充实农村书库的藏书数量,提高藏书质量;采取各种方式方便农民利用馆藏,主动为农业生产、科研和社、队企业提供图书资料,等等。

第四,县馆辅导人员必须做到嘴勤、腿勤、手勤。嘴勤,就是向领导和群众用已取得的成果反复说明图书室工作的重要性,提高广大干群对办好图书室重要意义的认识。如果碰到重大问题,如图书室的房舍、经费、人员等,可向有关领导逐一汇报,以便取得他们的支持。腿勤,就是要坚持常年在农村巡回辅导,对于一些存在较大困难的图书室,要不怕往返多次,直至问题解决。手勤,就是经常编写经验材料和调查报告,印发工作简报等,及时分送有关领导和各图书室,使领导了解和关心图书室工作,使各图书室互通情况,互相促进。

二、县馆辅导的原则

1. **实事求是的原则** 就是一切从实际出发,而不是单从主观愿望出发。农村各乡、村差异甚大,发展图书室不能一刀切,在辅导工作中,我们不能单凭良好的主观愿望去指导农村图书室工作的发展,要根据各乡、村不同的具体情况,其中包括政治、经济、文化及农民对图书资料的需要程度等,进行切合实际的分类指导,提出能为广大农民接受的指导意见。

在辅导工作中我们必须杜绝弄虚作假,成绩就是成绩,问题就是问题,经验就是经验,教训就是教训,不能夸大成绩和经验,甚至往自己脸上"贴金"。实事求是的原则要求我们的工作要讲求实效,不搞形式主义,少摆"花架子",要多研究,多解决实际问题,尤其在新的形势下,如何发展农村图书室工作,如何搞好辅导工作,我们要下苦功调查研究。对发展农村图书室工作,我们既要看到未来,满怀信心,又要保持清醒的头脑,看到发展过程中存在和可能发生的各种问题。实事求是的原则还要求我们理论联系实际,在辅导工作中不要把一般的工作经验和图书馆业务的一般知识到处夸夸其谈,生搬硬套,而要按照实际情况决定工作方针,这是县馆辅导工作中必须遵循的最基本的思想方法和工作方法。

2.群众路线的原则 坚持群众路线,就是相信群众,依靠群众,坚持从群众中来,到群众中去,放下架子,虚心向群众学习,先当学生,后当先生,互相辅导,把辅导工作广泛开展起来。只有这样,才能解决大面积辅导与辅导人员少的矛盾,才能使辅导工作真正收到好的效果。

3.党的领导原则 邓小平同志指出:"从根本上说,没有党的领导,就没有现代中国的一切。"[①]因此,我们的辅导工作,也必须坚持党的领导这一基本原则。

党的领导,是指县馆在辅导工作中必须坚持党的路线、方针、政策,并把辅导工作置于当地党委的统一领导之下。县馆要在下面开展比较大的活动,如召开现场会等,首先必须征得当地领导的同意,并请领导参加,或把有关情况及时向领导汇报,使领导掌握情况,了解工作进程和存在问题。取得当地领导的重视和支持,有了当地党委的撑腰,辅导工作就能事半功倍。

坚持党的领导的另一方面,就是辅导工作必须配合党的中心工作,离开了党的中心工作,实际上也就是离开了党的领导。在当前和今后一段时间内,辅导工作必须全面地执行中共中央1981年31号和1984年1号文件的精神,认真搞好图书工作,加强农村文化建设。县馆的辅导工作是党的整个工作的一部分,是为完成党的总任务服务的。只有时刻记住这一点,县馆的业务辅导工作才能沿着正确的方向前进。

三、县馆业务辅导的内容

县馆对农村图书室的辅导是多方面的,在当前以至较长远的一段时期内,主要是切实地帮助乡、村办好图书室,搞好图书流通,指导群众的读书活动,帮助农村图书管理员掌握业务技能等方面。

1.帮助乡、村办好图书室 办好农村乡、村图书室,是解决农民看书学习问题的基本途径,特别是全党抓物质文明和精神文明建设,发展农村图书室的条件越来越好。因此,要大力提倡乡、村自办图书室,尤其是乡,要切实把图书室办好。在发展农村图书室中,县馆辅导人员要会同文化中心或文化站的同志,深入实际,多做调查研究,共同研究工作,制订方案。要注意因地制宜,因陋就简,由少到多,由小到大,逐步发展,逐步提高;要从实际出发,量力而行,讲求实效,不搞一刀切;要注意同生产的发展和群众需要相适应,不要超越生产发展水平和集体经济的负担能力,强制农民办那些办不到的事;同时,又要避免落后于生产发展水平和群众的需要,不去主动、积极地开展农村图书室工作。为了避免重蹈一哄而起、一哄而散的覆辙,就目前一般情况而言,应着重抓好农村文化中心和乡文化站图书室的建设,通过文化中心和文化站图书室带动村图书室、企业图书室等图书室工作的发展。因此,县馆辅导工作的重点应放在乡文化中心和文化站图书室。各地陆续出现的个人租书摊和家庭个体图书室,这是国家、集体办的图书馆(室)的补充,应大力鼓励,积极扶持,并注意了解其图书内容,加强辅导。

对办室过程中的一些具体问题,如房屋、设备、人员、经费等,县馆辅导人员要帮助他们多想办法,多出主意,必要时,要向当地领导汇报,取得领导的支持。

对图书室的具体业务工作,县馆辅导人员要多讲、多做,甚至手把手地帮助管理员,直至他们基本掌握为止。

2. 搞好农村图书流通　搞好农村图书流通,是县馆直接为农民服务的重要工作,也是县馆辅导、扶持农村图书室的重要手段之一。通过县馆的图书下去流通,可以促进农村图书室的巩固和发展。

搞好农村图书流通工作,有条件的县馆应建立农村书库,库内藏书全部向农村流通。农村书库要经常充实新书,不能把县馆外借库中流通率不高的、陈旧过时的图书来充塞农村书库。浙江慈溪县馆拨给农村书库的新书,据 1980 年至 1981 年底统计,占全馆总购入新书的 43% 左右。该馆与本县二十八个乡、二百五十一个村建立了图书流通关系,在 1980～1981 年两年中,调换图书二千余次,流通图书十二万五千多册次[②]。各县馆都要根据自己的条件,有计划地开展农村图书流通工作。不仅要向已办图书室的乡、村流通,也要积极向未办图书室的乡、村,特别是边远偏僻地区发展图书流通,并通过这一工作扶植与促进他们自办图书室。

在图书流通渠道上,县馆不能只坐在馆里,等待农村的同志来馆借阅。对离县城较远的乡、村,县馆可分片设点,在农村小集镇上建立图书流通站,县馆可利用集市贸易等集会,定期把图书送到流通站,与各流通点交换图书。这样可以使农村的同志少跑路,减轻负担。但是,县馆一定要注意“定时、定点、定线”,流通站不要轻易变动,定期把图书送到站,按期与各流通点交换图书,不要失信。图书流通要按计划、分批分期进行,否则图书会供不应求。

县馆也可与乡图书室直接发生关系,把一定数量的图书交给他们流通,或由他们中转给村、组图书室流通。

为了减少图书流通的盲目性,避免无效劳动,县馆可定期编印流通书目,尤其是根据农时季节,印发流通书目,供各流通点选择。为了管理好流通图书,加速图书周转,除了向各流通点做好爱护图书、遵守借阅制度的宣传教育外,还必须实行并坚持图书赔偿、超期罚款等制度。有条件的县馆还可以直接开展送书下乡、发给农村读者个人借书证,以及通过馆际互借为农村读者直接提供必需的图书资料。总之,农村图书流通工作需长期坚持下去。云南省楚雄州图书馆的农村图书流通工作已坚持了十多年,平均每年在农村流通图书五万册次,读者十二万人次[③]。如果断断续续,或“一次性”流通,不但流出去的图书难以收回来,而且农民不欢迎。在农村流通图书还要不断改善流通方法,多辟流通途径,设法加速图书的周转,提高图书的利用率。

3. **指导群众的读书活动**　　指导群众读书,这是县馆辅导工作中义不容辞的一项重要任务。辅导人员要经常调查分析农村读者的阅读倾向,配合有关部门开展各项读书活动,特别要注意引导青年和少年儿童多读书、读好书。为此,县馆辅导人员要加强自身的学习,在"知书"、"知人"上多下工夫,藉以增强对农村读者阅读的指导能力。

4. **帮助管理员掌握业务技能**　　县馆要通过各种形式,如举办短训班、书面辅导、面对面辅导等,向农村图书室管理员传授图书管理的基本知识,并帮助他们建立好各种规章制度,使广大农村图书室管理员在较短时间内能基本熟悉业务,适应工作。

此外,县馆还要在政治上、物质上关心农村图书室管理员,在当地党组织的领导下,做一些力所能及的工作。如管理员的入党、入团问题,管理员的工资(包括各种形式的补贴)问题,等等。县馆辅导人员都应积极向有关方面反映,紧紧依靠当地的领导力量,妥善处理,合理解决,以最大限度地调动广大农村图书管理员的积极因素。

帮助农村图书室解决好书源问题,也是县馆辅导的一项工作内容。有些乡、村自购图书有困难,县馆可组织代购。县馆还可和新华书店联系,设立图书代售点,为农村图书室购书提供方便。此外,县馆还可向有关方面征集图书,把征集的图书分送各图书馆。浙江定海县馆就向县、地科委征得各种农科书籍一千四百多册,分赠乡、村图书室。

随着农村图书室的大量发展,图书管理工作的正常开展,各图书室普遍要求供应图书业务用品。县馆也应为各图书室分忧解难。县馆可进行代购,或自办小印刷厂,向图书室供应统一的图书登记册、借书记录卡、书袋、书标、借书证等图书馆业务用品,使图书室业务工作顺利进行。

四、县馆辅导的主要方法

各县馆在辅导工作中,创造了许多行之有效的工作方法,积累了丰富的工作经验,都是值得我们继承和发扬的。我们在工作实践中,还要不断创造新的经验和方法。

1. **重点辅导** 农村图书室都迫切需要业务辅导,可是县馆由于条件和人力的限制,不可能全部满足他们的要求,最好是采取重点辅导的方法,要选择一两个或几个农村图书室作为重点辅导的对象,深入现场,蹲下来用较长时间参加具体工作,掌握该室的工作情况,协助拟定工作计划,和他们一起商量各项工作的具体措施。通过重点室的辅导,了解和掌握一般室的工作规律,摸索出一套各室都能共同使用的方法。这就是突破一点,带动全面,也是重点辅导的目的所在。

在选择重点室之前,要比较全面地了解情况,才能选出具有普遍性和代表性的典型。对于较差的室或存在问题较多的室,也可采取重点辅导的方式。这样的室如果能迎头赶上,取得一套经验,更有说服力,更能带动一大片。对典型进行辅导时,既不能放任自流,也不能包办代替。对典型的培养要有始有终,使典型立得起来,站得住脚,使其不断巩固发展,不要材料一到手,一去不回头。在总结经验时,要坚持实事求是。

2. **巡回辅导** 这是一种有计划有顺序地深入基层农村图书室,分批分片,较普遍地进行的一种辅导方法。它的特点是能够比较全面地了解各室的情况,并可通过现场指导,参加实际工作,帮助他们解决存在的问题。巡回辅导的方法,由于解决问题、传播经验能及时具体,常常会受到各室的欢迎。

进行巡回辅导,要有计划、有目的,不能无的放矢,想去哪就去哪。到哪些室去,解决些什么问题,事先都要心中有数。

巡回辅导虽然比较普遍,辅导面比较广,但也不可能把所有的图书室都跑遍,要调动乡图书室的力量,展开层层巡回辅导。这样,县馆对乡图书室、乡图书室对村图书室进行辅导,形成一个辅导网。

把重点辅导和巡回辅导结合起来进行,往往能收到较好的效果。在交流和推广先进经验之后,各室学到一些经验,但还不深入,不巩固,需要立即给予巡回辅导,使其能及时巩固提高。在巡回辅导的过程中,又可以发现新的典型,再进行推广,不断提高辅导工作的质量。

3. **会议辅导** 运用召开会议、交流经验的方式,进行互相辅导。最常用的是召开现场会,选择工作好的室召开现场会,是进行业务辅导工作,推广先进经验的好办法。会议辅导方法能使与会者深入实际,直接接触具体事物,既能听到先进室的口头经验介绍,又能通过参观看到客观事物,加强感性认识,了解透彻,印象深刻,对各室回去开展工作,会更有益处。

现场会要抓住中心,突出重点。要有明确的目的和内容,会前做好准备工作,尤其要组织好典型发言。总结时要向大家讲明白本地和本室的条件和特点,使大家学习经验能根据具体情况,灵活运用,防止生搬硬套、脱离实际。

还有一种很受欢迎的会议辅导方法,就是为解决一些共性的问题而召开的专业会议。例如,如何进行图书分类、编目、宣传,等等。通过讨论研究,县馆再进行归纳,以求在业务工作上大家能取得相对统一的认识。

为了加强联系,县馆与各乡图书室协商,可采取定期或不定期地举行例会,也是一种会议辅导的形式。这一方法有面上辅导的长处,讨论问题实际,可以克服人力不足、不能全面辅导的缺点,便于集中意见向上级汇报,又可以互通情况,及时交流经验。但例会不可太频繁,以防影响日常工作。

4. **书面辅导** 把本地或外地图书室工作的好经验,编印成材料,有针对性地下发,起到传播经验、指导工作的作用。也可以编辑定期或不定期的油印或铅印刊物来传播经验、介绍情况和传授业务知识。编印业务辅导材料,要掌握两头,一头是先进经验和材料;一头是农村图书室的实际需要。把两头结合起来,才能切合实际,有针对性。我们自编的本地区的先进经验必须真实可靠,必要时进行核实,才能发挥其应有的作用。

5. 举办短训班 农村图书室的图书管理员,绝大部分缺乏业务知识,迫切需要给以一定的业务训练,才能适应工作的需要。

培训管理员的方法是多种多样的,有专题讲座、住馆学习、短训班等。其中短训班方式比较灵活,时间可长可短,规模可大可小,地点可集中、可分散,学习内容可集中学习,也可分专题学习,能够收到广泛辅导的效果。

6. 解答业务咨询,接待参观来访 农村图书室的同志,经常向县馆提出业务上各种问题,要求解答。县馆应当及时地利用各种方式给以口头或书面的答复。多数前来提问的人,都会要求实地参观一下,县馆辅导人员除了热情接待以外,可以一边领他们参观,一边结合实物讲解,许多不懂的问题,边看边听就容易明白了。

7. 到外地参观学习 组织农村图书室管理员及有关人员到外地参观学习,是县馆辅导的工作方法之一。在发展农村图书室的过程中,各地都取得了一些好的经验、好的方法。大家互相学习,取人之长,补己之短,可以达到互相促进、共同提高的目的。学习外地经验,县馆除了用书面等形式向本地介绍推广外地经验外,还应组织农村图书室的同志到外地进行实地参观学习,大家既看现场,又听介绍,能收到较好的效果。为了不影响正常工作并节省开支,到外地参观的次数不宜太多,而且不能跑得太远。

五、县馆辅导人员的素养

县馆辅导人员担负着组织和辅导农村图书室的任务,起着沟通县馆与农村图书室关系的桥梁和纽带作用。这就要求县馆辅导人员既有较高的思想政治水平，又有较全面的图书馆学基础知识；既要有独立处理业务工作的能力，又要有一套良好的工作方法。

1. 深入实际　就是要真心深入到各农村图书室，不是走马观花，要虚心倾听农村图书管理员的意见和要求，同他们一起研究办好图书室的方法和措施，必要时和他们一起干，这样才能和他们打成一片。

2. 调查研究　就是要多了解情况，分析问题，不能凭主观臆想，夸夸其谈，指手画脚，发号施令。

3. 抓住重点　就是要抓好典型，不能平均使用力量，眉毛胡子一把抓。

4. 分类指导　就是根据各地具体情况，总结不同经验，提出不同要求，对好的经验也不能处处生搬硬套，不能搞一个模式，搞一刀切。

5. 走群众路线　就是要相信群众，依靠群众，处处和群众打成一片，放下架子，甘当小学生，和农村图书室的同志交朋友，做他们的知心人。不能事事不放心，样样不相信。

6. 依靠领导　就是在坚持党的路线、方针、政策的同时，把自己置于当地党组织的领导之下，在他们的领导下开展工作，并注意向当地领导多汇报、多请示，依靠领导的力量处理和解决好各种问题。

7. 实事求是　对工作成绩，不能夸张；对存在问题，不能化小化了；对典型经验，应持一是一、二是二的态度，不能任意夸张，到处乱套；对暂时处于后进状况的图书室，要耐心辅导，正确帮助，不能求全责备；对外地先进经验，要虚心学习，不能夜郎自大，固步自封。

①《目前形势和任务》,《邓小平文选》第230页

②《图书馆研究与工作》1982 年第二期

③《云南图书馆季刊》1983 年第三期